JASON & MIRCO VON JUTERCZENKA

Wir Wochenendrebellen

AF186187

GOLDMANN

Buch

Jason ist Autist und seit seinem sechsten Lebensjahr am Wochenende mit seinem Vater Mirco unterwegs in den Fußballstadien Deutschlands und
des benachbarten Auslands. Vater und Sohn wollten eigentlich einen Lieblings-Fußballverein finden. Unerwartete Schwierigkeiten, auf die Jason
und Mirco auf Reisen stoßen und für die sie teils
aberwitzige Lösungsansätze entwickeln, nehmen
den Leser mit auf eine Achterbahnfahrt der Gefühle. Die hier erzählten lustigen, lehrreichen,
peinlichen, ernüchternden, teils auch erschüttern-
den nachdenklich stimmenden Erlebnisse der beiden finden zuerst über den preisgekrönten Blog
»Der Wochenendrebell – Groundhopping mit As-
perger« eine breite Leserschaft. Das spannende,
witzige und bewegende Zeugnis einer ganz besonderen Vater-Sohn-Beziehung.

Autoren

Mirco von Juterczenka, 1977 in Solingen geboren,
arbeitet als Manager in der Gastronomie. Das
Groundhopping-Projekt, über das er zusammen
mit seinem Sohn Jason, geboren 2005, im Blog
»Der Wochenendrebell – Groundhopping mit As-
perger« schreibt, entstand 2011 und wurde 2017
mit dem Grimme Online Award ausgezeichnet.

Jason & Mirco von Juterczenka

Wir Wochenendrebellen

Wie ein autistischer Junge
und sein Vater
über den Fußball zum Glück finden

GOLDMANN

Penguin Random House Verlagsgruppe FSC® N001967

4. Auflage
Taschenbuchausgabe September 2019
Wilhelm Goldmann Verlag, München,
in der Penguin Random House Verlagsgruppe GmbH
Neumarkter Str. 28, 81673 München
Copyright © 2017 der Originalausgabe by Benevento Publishing,
eine Marke der Red Bull Media House GmbH, Wals bei Salzburg
Umschlaggestaltung: UNO Werbeagentur, München
Umschlagfotos: Sabrina Adeline Nagel, www.siesah.de
Lektorat: Michael Danhardt
Satz: GGP Media GmbH, Pößneck
KF · Herstellung: kw
Druck und Einband: GGP Media GmbH, Pößneck
Printed in Germany
ISBN: 978-3-442-15975-8

www.goldmann-verlag.de

Inhaltsverzeichnis

Jasons Anpfiff

Ich bin Jason, bin 2005 geboren und seit 2012 mit Papsi als Wochenendrebell in Fußballstadien unterwegs. Ich arbeite im Forschungszentrum der Universität an meinem Projekt zur Chaostheorie, gehe aufs Gymnasium und ich bereise gerne die Welt.

In der Schule schreibe ich nur gute Noten, komme aber mit der nervigen Art mancher Mitschüler nicht klar. Sie gehören nicht in meine Umgebung. Sie tun unlogische Dinge und lassen sich nicht gerne von mir korrigieren. Mich nervt, wenn man den Dativ mit dem Akkusativ vertauscht oder wenn in jedem Satz das Verb »gehen« vorkommt. Sie nehmen darauf keine Rücksicht. Wieso sollte ich dann Rücksicht auf sie nehmen?

Sie setzen sich absichtlich auf meinen Platz im Bus, obwohl sie wissen, dass mir dieser Platz aus vielen Gründen besonders wichtig ist. Sie wissen auch, dass mein Tag dahin ist, wenn ich ihn nicht bekomme. Man kann mir den Tag ziemlich einfach zerstören.

Wenn mich beispielsweise jemand ungefragt anfasst und ich mein Notfalldesinfektionsmittel aufgebraucht habe. Wenn ich einen ganzen Schultag meine Hände nicht desinfizieren kann, bin ich selbst für einfache Bruchrechnungen nicht mehr zu gebrauchen. Ich verstehe einfach nicht, wieso sie solche Dinge tun, wenn ich doch sogar einen ganzen Vortrag über meine Probleme vor der gesamten Klasse gehalten habe. Tun sie das, um mich zu ärgern, oder beabsichtigen sie gar nicht, mich zu ärgern? Egal, sie gehören nicht hierhin.

Sie sagen selber, dass ich, wenn ich verärgert bin, unausstehlich bin. Wenn zwei Schüler auf dem Schulhof Händchen halten, frage ich oft Außenstehende, ob es angebracht wäre, ihnen Desinfektionsmittel anzubieten und sie über die Gefahr resistenter Bakterien aufzuklären. Die Antwort bringt mich oft wenig weiter. Erst Ömchen (meine liebe Oma) hat mich dann aufgeklärt. Kurz: Andere Menschen sind sehr komisch. Deshalb habe ich beschlossen, sie zu ignorieren und mich auf mich zu konzentrieren. Dies funktioniert auch ganz gut.

Ich hasse Veränderungen. Ich habe beispielsweise bis heute damit zu kämpfen, dass die S-Bahn in München einfach ihre Liniennummerierung geändert hat.

Das alles hat einen Grund. Ich bin Asperger-Autist. Das bedeutet für mich, dass ich mich über so ziemlich alles aufregen kann. Darüber, dass das Google-Bild jeden Tag wechselt, darüber, dass wir ein neues Auto-kennzeichen bekommen, über die neuen Häuser, die schräg gegenüber in unserem Dorf entstehen sollen, und, und, und. Die Liste ist sehr lang.

Doch abgesehen von mir bedeutet mein Autismus für Papsi, dass er sich in Urin knien muss, für Mami, dass sie dazu aufgefordert wird, sich mitten in der Nacht meine PowerPoint-Präsentation über Ackerbau in der Ukraine anzusehen, für meine Schwester, dass sie sich stundenlang Vorlesungen über meinen neuen Entwurf für unsere Familienvereinbarung anhören darf.

Andererseits leide ich viel mehr unter ihren Ge-wohnheiten als sie unter meinen. Ich bin für sie viel-leicht schwer zu verstehen, doch sie sind für mich noch viel schwerer zu verstehen.

Ich bin ein angenehmer Zeitgenosse. Ich hätte gerne einen Bruder wie mich. Ich kann den Blick gut aufs große Ganze richten. Viele meiner Mitmenschen kom-men in den Genuss meiner ungewöhnlichen Gewohn-heiten. Die einen mehr, die anderen weniger.

Meine Lehrerin ist sehr verständnisvoll. Ich darf in den großen Pausen im Klassenzimmer bleiben und habe meinen festen Platz in der Umkleidekabine. Au-ßerdem habe ich einen festen Einzelsitzplatz, während der Rest der Klasse immer rotiert und jeden Monat mit jemand anders zusammensitzt. Sie akzeptiert, dass ich mich nicht integrieren möchte und alleine glücklich bin.

Neben meinem Platz in der Schule hängt eine tolle Weltkarte, die allerdings fehlerhaft ist, mit der ich mich in den Pausen beschäftige. Mein Platz ist nah an meiner eigenen Heizung, über die ich bestimmen darf, und nah an meinem Fenster, über das ich ebenfalls bestimmen darf, sodass ich meine Umgebungstemperatur quasi frei regulieren kann. Er ist nah am Lehrerpult, sodass ich meine Tests, Diktate und so weiter dem Lehrer oder der Lehrerin direkt geben kann und ich mich nicht anstellen muss. Er liegt so, dass ich bei Präsentationen jeden im gesamten Raum ansehen kann, und er liegt in einem guten Winkel zur Tafel. Ich muss mich nicht ins Gedrängel stürzen, um mir Dinge aus meiner Utensilienkiste zu holen – normalerweise sind alle in einem Schrank. Meine Kiste steht direkt auf der Fensterbank, und an meinem Platz hängen noch drei Tüten mit Sachen, die nicht weggeschmissen werden dürfen. Es ist der perfekte Sitzplatz.

Wenn die Schule dann vorbei ist, gehe ich häufig ins Forschungszentrum. Dort arbeite ich an einem Projekt namens »Ordnung und Chaos«. Es geht um deterministisches Chaos, also um chaotische physikalische Systeme. Öfter gibt es auch Vorträge, zu denen Experten aus ganz Europa kommen und ihre Themengebiete präsentieren. Danach gibt es immer die Gelegenheit, Fragen zu stellen. Wann hat man schon die Gelegenheit, mit Professoren zu sprechen? Natürlich fahre ich auch immer alleine und klimaschonend mit dem Bus dorthin.

Wie ich schon gesagt habe, mögen es meine Mitmenschen, wenn ich ihnen etwas erkläre. Dies ist auch meine Aufgabe in diesem Buch. Ich kümmere mich um das Glossar, in dem ich Begrifflichkeiten, die man vielleicht kennt, aber nicht mehr in Erinnerung hat, oder von denen man noch nie zuvor gehört hat, kurz und knapp erkläre.

In diesem Buch geht es um die Reisen von mir und Papsi und um die Abenteuer, die wir dabei erleben. Oft geht es dabei nur nebensächlich um das eigentliche Spiel, sondern um Dinge wie die Summe der Rückennummern der Spieler, um die Länge des Bahnsteigs oder um den Aufbau des Stadions.

Ich mag lieber alte, verrottete Stadien, wo überall das Gras sprießt, als moderne Stadien mit riesigen LED-Leinwänden. Es gibt viel schönere Details, wie zum Beispiel einklappbare Flutlichtmasten oder Anzeigetafeln aus Holz. Solche Stadien sind meistens sehr schön. Das Karl-Liebknecht-Stadion in Babelsberg hatte beispielsweise die einklappbaren Flutlichtmasten, ich mag auch die Alte Försterei in Berlin-Köpenick, da sie mitten im Wald liegt und die Geschäftsstelle tatsächlich eine alte Försterei ist. Auch das Erzgebirgs-stadion ist schön, da es mitten in den Bergen liegt und man diese aus dem Stadion heraus sehen kann. Natürlich war auch das San Siro in Mailand beeindruckend, jedoch mag ich eine andere Art von Stadion lieber, wie zum Beispiel den Ludwigspark in Saarbrücken mit seinen rostigen Flutlichtmasten.

Abgesehen von Fußball geht es im Buch auch um den Alltag, den ich, Papsi, Mami und meine Schwester leben, und darum, was meine Behinderung für mich und meine Mitmenschen bedeutet.

Gäbe es ein Medikament, mit dem man Autismus »heilen« könnte, müsste ich nicht lange überlegen, um zum Schluss zu kommen, es nicht zu nehmen. Das liegt daran, dass das Asperger-Syndrom Behinderungen, aber auch Vorteile beinhaltet. Das Behindernde an den Behinderungen ist nicht die Behinderung selbst, denn ein Problem entsteht erst, wenn andere Menschen meine Regeln verletzen, sei es aus Unwissenheit, aus Desinteresse oder aus purer Gemeinheit. Leider kann ich nicht unterscheiden, ob jemand gemein zu mir sein will oder vielleicht einfach vergessen hat, dass ich beispielsweise nicht berührt werden möchte. Im Gegenzug zu den Behinderungen gibt es natürlich auch viele Vorteile, ich nenne sie »Behilflichkeiten«, wie die, dass ich mir Dinge nur für eine halbe Minute ansehen muss und sie dann nie wieder vergesse (das kommt mir allerdings nicht immer zugute) oder dass ich logische Algorithmen sehr schnell erfasse und verstehe. Schwierig wird es natürlich, wenn etwas anders läuft als geplant. Auch wenn viele sagen, ich würde mir damit das Leben unnötig schwer machen, betrachte ich meine Hygieneticks wie das wöchentliche Putzen meines Stuhls in der Schule oder die Tatsache, dass ich immer Desinfektionsmittel in meiner Schultasche habe, als klaren Vorteil.

Es gibt viele Dinge in der Schule, die mir deutlich leichter fallen als anderen. Obwohl Deutsch zu meinen Lieblingsfächern gehört, langweile ich mich dort oft, weil der Unterrichtsstoff zu einfach ist, ganz zu schweigen von Englisch oder Erdkunde und Naturwissenschaften.

Ich habe oft einen anderen, differenzierten Blickwinkel auf Situationen, die zuerst aussehen, als wären sie eindeutig. Außerdem kann ich mir Dinge sehr gut einprägen und komplexe Dinge in kürzester Zeit verstehen. Diese Vorteile sind viel größer als alle Nachteile und bringen mich heute in der Schule und im Forschungszentrum und später im Beruf bedeutend weiter.

Nein, mein Autismus ist keine reine Ansammlung von Defiziten. Ich bin in der Lage, außerordentlich konsequent, faktenbasiert mit natürlicher Logik zu entscheiden.

Begonnen hat nämlich alles damit, dass ich keinen voreiligen Schluss darüber ziehen konnte, welcher Verein mein Lieblingsverein werden sollte. Erst musste ich also alle sehen, um mich zu entscheiden. Das ist doch logisch – oder?

Auch heute ist mir unsere Suche nach einem Verein noch sehr wichtig, denn während der Stadiontrips habe ich schon so manches Wichtige gelernt, habe spannende Leute getroffen, viel gesehen, und natürlich macht es auch einfach Spaß. Unsere Reisen helfen mir dabei, besser mit den Dingen, die mir Schwierigkeiten bereiten, umzugehen und sie einfacher zu verarbeiten. Die üblichen Probleme des Alltags sind auf den Touren so gut wie verschwunden. Deswegen gibt es dann auch selten Streit. Früher hatte unser Projekt das alleinige Ziel, meinen Lieblingsverein zu finden, heute möchte ich hauptsächlich einfach nur ein schönes Stadion sehen, viel und weit reisen und gerne auch Verrücktes erleben.

Im Stadion habe ich schon lustige, aber auch blöde Dinge erlebt. Die Bierdusche in Dortmund und Pyro in Hoffenheim. Außenstehende würden dies wohl unter »lustige Erlebnisse« einordnen, ich hatte dort jeweils eher gemischte Gefühle. Cool waren allerdings die Toiletten in Stuttgart, von denen man das Spielfeld beobachten konnte und so nie etwas vom Spiel verpasst hat, oder die Nachtzugfahrt, die zwar nicht im Stadion, sondern in einem Schlafwagenabteil, prall gefüllt mit leicht angetrunkenen Hannover-96-Fans, endete. Und als Papsi fast verprügelt worden ist oder als er um Tickets gebettelt hat, das war auch sehr amüsant. Es gab allerdings auch Spiele, bei denen ich mir 80 Minuten lang die Muster im Beton einer Mauer ansah, weil der aktuelle Spielstand mir nicht passte. Auch dies kann man nicht klar als lustig oder blöd einordnen. So etwas liegt oft im Auge des Betrachters.

Der Spielstand hat mir nicht gepasst, weil ich zwar von keinem Verein ein Fan bin, es allerdings einige Vereine gibt, die ich gut finde. Beispielsweise den FC Augsburg, da ich in Augsburg geboren bin, und Fortuna Düsseldorf, weil ich, wenn Düsseldorf verliert, Papsi ärgern kann, und wenn sie dann mal gewinnen, ich mich mit ihm freuen kann. Somit macht mich jedes Ergebnis glücklich. Bei keinem Verein geht die Sympathie jedoch so weit, dass ich Fan bin oder dass eine Niederlage meine ganze Woche zerstört und ich unbedingt jedes neue Ergebnis innerhalb von Minuten mitgeteilt bekommen muss.

Ich bin sicher, dass Menschen, wenn sie mir zuhören und mich ernst nehmen, viel von mir lernen können. Beispielsweise kann ich Dinge aus einem Blickwinkel sehen, der vielen verschlossen bleibt. So kann ich ihnen eine andere Sichtweise auf die Welt eröffnen, mit der sie besser umgehen können. Das Problem ist, dass mir viele Menschen nicht zuhören oder mich einfach nicht für voll nehmen. Wenn sich jeder nur ein kleines bisschen von meinem Blickwinkel inspirieren ließe, hätten wir eine deutlich engagiertere und lebensfrohere Gesellschaft, und viele Probleme wären gelöst.

Papsi hat versprochen, die Welt ein bisschen besser zu machen, dabei ist mein größter Wunsch für unsere Welt ein sehr allgemeiner. Ich möchte, dass Menschen aufhören, sich an alten Gewohnheiten festzuklammern, die nicht mehr in unsere Zeit hineinpassen. Man sollte unser komplettes Wirtschaftssystem, das nur auf Wachstum beruht, überdenken. Wir sollten Risiken eingehen, um die sonst unausweichlichen Katastrophen wie den Klimawandel aufzuhalten. Auch unsere Religionen und unsere Sitten passen absolut nicht mehr in unsere Zeit. Wir denken und handeln zu konservativ, zu nationalistisch und mit zu wenig Weltoffenheit. Alles würde sich verändern, wenn wir dies überdenken. Wir würden endlich ernsthafte Schritte zur Erhaltung unserer Umwelt machen, uns stünde das gesamte Sonnensystem zum Erforschen frei, und es gäbe keine isolierten, voneinander abgeschotteten Länder, die mit den anderen nichts zu tun haben wollen, nur weil sie sich für etwas Besseres halten. Die lächerlichen kleinen Differenzen zwischen den Menschen auf der Erde würden verschwinden. Es ist eine echte Traumwelt. Zwar sind wir davon noch Licht-jahre entfernt, doch es gibt erste gute Ansätze, die für eine offenere und bessere Welt in Zukunft sorgen kön-nen, wenn sie nur ernsthaft von allen Menschen ver-folgt werden. Das wäre gut.

So, nun aber erst einmal viel Spaß mit unseren Abenteuern als Wochenendrebellen, und denkt daran, wenn ihr etwas nicht versteht, könnt ihr in meinem Glossar am Ende des Buches nachschauen.

Kapitel 1

Mannschaftsbesprechung

Jason hasst laute Umgebungen, Menschenmengen, Kinder, Salami und Gedränge.

Er schüttelt sich bei dem Gedanken, dass jemand neben ihm ein Butterbrot isst, und würde Kinder gerne von dieser Welt verbannen, obwohl er gemäß gesetzlichen Bestimmungen selbst noch ein Kind ist.

Er interessiert sich für unterschiedliche Blickwinkel der allgemeinen Relativitätstheorie, beschreibt die String-Theorie *(Glossar 1)* so, dass sogar ich sie verstehe, und lernt gerne spannende Dinge auswendig, wie das Periodensystem oder Ähnliches. Er kann sich nicht die Schuhe binden, er ist ungern alleine in einem Raum und er ist der konsequenteste und ehrlichste Mensch, den ich kenne. Jason ist heute elf, und ich lerne von ihm seit seinem fünften Lebensjahr.

Wenn ich nicht von ihm lerne, kümmere ich mich um die Befriedigung seiner Interessen, um den Schutz meiner Tochter vor ihm oder ich unterdrücke meinen

Drang, ihm eine Tracht Prügel zu verpassen. Es ist kompliziert.

Jason und ich reisen zu Fußballspielen mit bis zu 80 000 Zuschauern, fahren mit Betrunkenen im Schlafwagenabteil quer durch Deutschland, stranden in kleinen Zweitliganestern und dürfen niemals eine Minute eines Fußballspiels verpassen. Wir lieben wohl den Fußball, sind aber nicht einmal echte Fans, und ich bin eigentlich kein schlechter Vater.

Die Suche nach einem Lieblingsverein für Jason wurde zu unserem Projekt, und dieses Abenteuer hat mein Leben bereichert, mir geholfen, meinen Sohn zu verstehen, und mich dazu bewegt, dieses Buch zu schreiben.

Aber eins nach dem anderen.

Es begann mit Opas Geburtstagsgeschenk, und es sollte unser erster generationsübergreifender gemeinsamer Stadionbesuch werden. Es war nicht so, dass wir dies akribisch geplant hatten. Ich war bis dato sehr wenig in Fußballstadien unterwegs. Das ein oder andere Mal war ich mit meiner Frau bei einem Champions-League-Spiel ihres Lieblingsvereins, der Dortmunder Borussia. Alles aber jeweils weit vor der Geburt unseres Sohnes und wohl eher auf der Event-Fan- und Rosinenpicker-Ebene anzusiedeln.

Mit meinem Dad fuhr ich seit 2002 einmal im Jahr ins Stadion. Meistens waren es die besagten Geburtstagsgeschenke, die uns gemeinsam zum Fußball führten. Und dieses Mal nahmen wir meinen Sohn im Alter von fünf Jahren einfach mit. Völlig ungeplant und ohne größere Hintergedanken. Er genoss das Spiel, die Umgebung und die Anreise als gemeinsames Erlebnis, und auf der Rückfahrt aus dem Stadion verarbeitete er das Gesehene auf seine schon damals sehr spezielle Art und Weise. Dies fand nicht auf hohem fußballerisch-intellektuellem Niveau statt – er war gerade einmal fünf geworden und glänzte schon die Jahre zuvor mit scheinbar klugen Fragen.

»Wieso gibt man nicht jedem einen Ball?«

»Warum haben manche Spieler das gleiche Trikot an?«

»Warum versteckt sich nicht einfach einer mit einem Ball hinterm Tor und schießt dann heimlich rein, wenn der Torwart nicht hinschaut?«

»Warum gibt es nur eine Halbzeit und keine Vollzeit?«

»Wie groß sind die Löcher im Tornetz?«

Er interessierte sich aber auch für diese beiden schreienden, Krach machenden Gruppen. Ihn faszinierten die in unterschiedlichen Farben mit Fahnen, Bannern und Schals bewaffneten Fans der beiden Mannschaften.

Geduldig ließ er sich erklären, was es mit den Herrschaften auf sich hatte, und begriff nach meinen Ausführungen eigentlich schon eine der elementaren Bedingungen für die Liebe zum Fußball: Du musst wohl Fan eines Vereins sein, um die Faszination Fußball zu verstehen. Sonst kannst du dich ja nie freuen, nie mitfiebern, niemals die Angst spüren, die eine Ecke des Gegners kurz vor Spielende auslösen kann. Gut, du musst dich auch nie ärgern, nie hadern, dir nie das ganze verdammte Wochenende versauen lassen, weil dein Team wieder einmal nicht gewonnen hat.

»Oder kann man einfach immer am Schluss des Spiels für den Gewinner sein?«

Mein Sohn wollte das pragmatisch lösen, und vielleicht hätte ich dies damals einfach zulassen müssen. Ich weiß nicht, warum ich damals seine Frage verneinte, aber es führte zu der logischen Reaktion, dass er nun auch Fan sein wollte, aber einfach nicht wusste, von welchem Verein.

Ich erklärte ihm, dass es viele Mannschaften gibt, in unterschiedlichen Farben, mit Spielern aus verschiedensten Ländern, die innerhalb eines Systems aus mehreren Ligen in einem Land spielen. Ich beschrieb ihm, dass es Auf- und Abstiege gibt und die sich daraus verändernde Zusammensetzung der Ligen. In meinen Ausführungen erklärte ich, dass eigentlich jede Stadt einen Fußballverein mit einer Historie hat, die 100 Jahre und mehr zurückreicht und dessen Bedeutung für die Bewohner und das Umfeld dieser

Stadt, aber auch über Stadtgrenzen hinweg unterschiedlich intensiv ausgeprägt ist.

Wir saßen auf der Rückbank, es war mittlerweile kurz vor Mitternacht, und der Sohn faselte inzwischen mehr rum, als dass er wirklich interessiert fragte. Er lauschte kopftaumelnd, die Augen kaum noch offen halten könnend, meinen Ausführungen rund um den Fußball, um abschließend vor dem Schlafen klarzustellen:

»Dann müssen wir uns die alle anschauen, bevor ich mich entscheiden kann.«

Ich stimmte zu, wohl wissend, dass er das am nächsten Morgen auf keinen Fall vergessen haben würde, aber doch ohne mir der vollen Konsequenz bewusst zu sein.

Ich war nachlässig, vielleicht fahrlässig oder einfach noch unwissend im Umgang mit meinem Sohn. Es war klar, dass er mich die nächsten Tage daran erinnern würde. Er bohrte und hakte nach, jeden Tag, immer und immer wieder, bis mir ein weiterer Fehler unterlief – den ich heute gar nicht mehr als Fehler beurteilen würde.

Ich versprach ihm, die Zusage zu halten und mit ihm alle Stadien zu befahren und alle Vereine zu besuchen, die notwendig sind, bis er Fan eines oder besser seines Vereins werden würde. Wir gaben uns die rechte Hand und besiegelten unsere Versprechen. Na ja, und Versprechen sind eben Versprechen. Die muss man halten. Versprechen geschehen ja nicht zufällig. Die heißen ja nicht Versehen, klärte mich Jason auf. Versprechen sind uns heilig.

Und deswegen sind wir nun, gute sechs Jahre später, immer noch unterwegs und haben über 50 Stadien dieses Landes und einige sogenannte Grounds *(Glossar 2)* über unsere Landesgrenzen hinaus besucht. Wir saßen bei Minusgraden in Aalen, um uns den Zweitliga-Klassiker gegen den SV Sandhausen anzuschauen, wir haben die alte Dame Juventus gegen den FC Bayern kläglich eingehen sehen, wir sahen Tim Wieses *(Glossar 3)* letztes Spiel für die TSG Hoffenheim, folgten im strömenden Regen dem Eliteverein, der wunderbaren Fortuna aus Düsseldorf, zum Freundschaftsspiel in die rheinische Bezirksklasse und sahen Zanettis *(Glossar 4)* Abschiedsspiel im San-Siro-Stadion. Wir erlebten sehr bewegende Stadionbesuche im Rahmen des »Refugees Welcome Day« in Babelsberg und fuhren mit schwer alkoholisierten Hannover-Fans im Schlafwagenabteil des Nachtzuges vom Freitagabendspiel in Freiburg zum Hamburger Millerntor. DFB-Pokal *(Glossar 5)*, Champions League *(Glossar 6)*, Relegationsspiele *(Glossar 7)*, Abschiedsspiele, wir nehmen mit, was kommt, und ein Ende ist nicht in Sicht.

Noch eine Vater-&-Sohn-Story? Ja, sorry. Noch ein Fußballbuch? Nein, nicht unbedingt.

Es gibt einige amüsante Verknüpfungen zum Spiel, dem eigentlichen Highlight. Die Zugfahrt zum Spielort, die Planung vorab, die mögliche Übernachtung und alle die Geschehnisse innerhalb des Stadions, meistens aber außerhalb des eigentlichen Spielgeschehens. Das alles bot das Futter für den Inhalt dieses Buches.

Mein Sohn ist der Wochenendrebell, und wir werden unsere Abenteuer, unsere Probleme, unsere gemeinsam gesuchten Ansätze, unsere Differenzen und Auseinandersetzungen schonungslos offen darlegen. Vielleicht kann es als Anregung dienen, vielleicht zeigt es manchem Vater, was man wie am besten falsch macht, vielleicht brauche ich dieses Buch irgendwann für mich als Ausrede oder als Erklärung für Außenstehende, warum mein Sohn so ist, wie er ist. Die Präsentation von Erlebnissen, die man mit einem behinderten Kind erlebt, könnte für viele Grund genug sein, um dieses Buch nicht zu lesen, trotzdem ist genau dies für mich auch ein Antrieb, es zu schreiben, auch wenn eine Buchreihe im Harry-Potter-Ausmaß nicht ausreichen würde, um die Liebe, die ich meinem Sohn und meiner Familie gegenüber empfinde, zu beschreiben und all unsere schrägen Erlebnisse festzuhalten. Mein Sohn käme da sicherlich schneller zum Punkt. Er ist sehr direkt.

»Ich hasse dich und ich wünschte, du müsstest arbeiten gehen und kämst nie wieder.«

Mein Sohn ist im Herzen ein liebenswürdiger Kerl. Liebenswürdig. Ein grausames Prädikat für ein Kind – insbesondere für das eigene.

Nachdem ich ihm sagte, er solle nicht so mit mir reden, stellte sich aber auch umgehend Besserung ein. Er redete nun gar nicht mehr mit mir.

Meistens geschah dies in den Situationen, wenn eine Kleinigkeit, eine minimale Abweichung einer erlernten Routine zur Eskalation führte und er seine Frustration nicht mehr zurückhalten konnte.

Er sprach dann indirekt mit mir, auch wenn ich nur einen Meter von ihm entfernt stand.

»Ich hoffe, der ist bald wieder weg«, erzählte er einem seiner Kuscheltiere, die zeitweise keine Kuscheltiere waren, sondern für Jason real handelnde Individuen, mit denen er sprach. Die ihm immer zustimmten, zuhörten und seine Ansichten teilten. Ich stand dann meistens ratlos daneben.

Jason ist Autist *(Glossar 8)*. Dies ist keinesfalls ein Grund, in den Mitleidsmodus zu verfallen. Jegliche Form von Betroffenheit ist fehl am Platz. Wir haben den besten Sohn auf der Welt.

»Ich hoffe, ich sehe den Arsch nie wieder«, versucht er weiter das Gespräch mit seinem Stofftier zum Laufen zu bekommen. Oftmals gelingt es ihm, und er erzählt dann später, was das Stofftier geantwortet hat oder wo es gestern war, was es so gemacht hat oder eben, welche Seite der Plüschaffe bei der Diskussion eingenommen hat.

Jason ist schmerzhaft direkt und brutal ehrlich, und das ist nicht einmal sein größtes Problem, wenn man eine radikale Offenheit überhaupt als Problem erachten möchte. Aber selbst dann gilt ja: Probleme habe ich auch. Jeder vermutlich auf seine eigene Art und Weise, und bei Jason sind dies eben Probleme, deren Lösung langatmig, anstrengend und kraftraubend ist, was aber noch eine gute Situation darstellt, denn manche Probleme lassen sich nicht in ihrer Ursache lösen, sondern man muss lernen, sich mit ihnen zu arrangieren.

Seine besondere Artikulation und Herangehensweise sorgen immer wieder für skurrile Situationen und stellen uns vor absurde Herausforderungen auf unseren Touren sowie im Alltag. Einerseits ist es mir ein Bedürfnis, dass auch Jason rückblickend nicht nur weiß, was wir erlebt haben, sondern auch einen Eindruck bekommt, was daran außergewöhnlich oder ein wenig unüblich war. Vielleicht hilft es ihm einmal in der Zukunft, Eigenarten, deren Zustandekommen, aber auch deren spätere Überwindung besser zu reflektieren. Das Buch soll ihm Halt geben in problematischen Situationen oder ihm freudige Erinnerungen schenken in schwierigeren Zeiten.

Er hat auf unseren Touren Situationen gemeistert, an denen er im alltäglichen Leben mehrfach scheiterte.

Es ist, als bräuchte er den außergewöhnlichen Rahmen, um Außergewöhnliches zu leisten. Das Außergewöhnliche sind oftmals Banalitäten für Kinder seines Alters, die aber keine »Entwicklungsstörung« zum festen Bestandteil ihres Lebens zählen. Entwicklungsstörung. Ein häufig verwendeter Fachbegriff vermeintlicher Autismus-Experten, der nicht nur meine Frau und mich ratlos zurücklässt. Wir sehen da nichts Störendes in seiner Entwicklung.

Vielleicht hilft dieses Buch aber auch anderen Menschen.

Das Leben mit einem autistischen Kind unterliegt besonderen Rahmenbedingungen, und selbst Eltern mit Kindern ohne Behinderung wissen ein Lied von den Problemen zu singen, die sie alltäglich umgeben. Von Alleinerziehenden mal ganz zu schweigen, die auch bezüglich ihres Zeitmanagements und ihrer Kraftreserven vor noch völlig anderen Herausforderungen stehen.

Ich bin kein Pädagoge und kein Therapeut, also erwarten Sie bitte keine wissenschaftlich unterlegten Verhaltensempfehlungen. Ich bin auch kein Psychologe, kein ausgebildeter Erzieher, kein Mediziner, kein Autismus-Experte. Man darf dies also auch nicht als allgemeingültige Anleitung verstehen, dafür ist insbesondere das Autismus-Spektrum viel zu breit gefächert.

Dies ist ein ziemlich egoistisches Buch, aber ich schreibe es direkt aus dem Herzen heraus. Ich schreibe es, weil es mir hilft, Erlebtes zu verarbeiten, Negatives nach dem Niederschreiben als abgehakt zu akzeptieren und um Positives möglichst lange festzuhalten. Ich habe keine journalistische Ausbildung, und wenn man diesen Text vor dem Lektorat zu Gesicht bekommen hätte, hätte man wohl die Hände über dem Kopf zusammengeschlagen. Ich bin nicht nur kein Pädagoge, ich bin auch kein Schriftsteller.

Bei meinem Sohn drückte sich seine »besondere Logik«, so nannten wir das Asperger-Syndrom *(Glossar 9)* ihm gegenüber zur Erklärung, zu Beginn unter anderem durch einen ausgeprägten Regelzwang aus.

Es gibt Regeln. Unglaublich viele Regeln, seltsame Regeln, belastende Regeln – und Regeln werden nicht gebrochen. Also so gar nicht gebrochen. Regelbruch bedeutet Eskalation. Am besten lässt sich dies veranschaulichen beim Thema Nahrungsaufnahme, auf das wir später noch detaillierter eingehen wollen.

Einzelne Bestandteile eines Mittagessens dürfen sich nicht berühren. Punkt.

Da gibt es nicht einen Millimeter Grat, auf dem zu wandern möglich wäre. Ein Tropfen Soße, ein Bruchteil von einem Milliliterchen, vielleicht gerade noch so groß, dass es mit bloßem Auge sichtbar ist, reicht aus. Dieses Tröpfchen, versehentlich am Fleisch oder am Rand eines Kartoffelkloßes gelandet, genügt, und man erlebt sehr schnell eine Situation, die dazu führt, dass er mich nur wenige Sekunden später mit den eingangs zitierten Beleidigungen und Attacken konfrontiert. Schließlich habe ich das Essen bestellt, angerichtet oder dem zubereitenden Koch nicht die Wichtigkeit der Trennung der Bestandteile verdeutlicht. Ich bin schuld! Immer! Deswegen hasst er mich. Zumindest manchmal.

Der Tropfen Soße reicht zur völligen Eskalation, und nun ist es so, dass die Heftigkeit des Ausrasters nicht mit der Schwere des Regelverstoßes proportional wächst. Ich könnte ihm einen versifften Plastikeimer mit dem Inhalt der Biotonne vorsetzen. Es macht keinen Unterschied zu dem Milliliter Soße, der an dem Kloß hängt. Beide Formen der Nahrungsaufnahme sind für ihn nicht zumutbar, und diese beiden Arten, einen Regelverstoß zu begehen, begegnen sich auf Augenhöhe, wenn man nur ihre Auswirkungen betrachtet. Regelverstoß ist Regelverstoß, egal wie verhältnismäßig klein der Auslöser ist.

Wenn die Situation mit unserem Sohn eskaliert, kommt es zu einer hohen Diskrepanz zwischen Ursache und seinem daraus resultierenden Verhalten. Das ist der Rahmen dieses Buches, ich habe ihn nicht geschaffen, sondern er ist so vorgegeben, und irgendjemand hat sich ganz sicher etwas dabei gedacht, dass alles so ist, wie es ist.

Diese Lektüre könnte derbe, drastisch, rüde, ruppig und unfair werden. Sie spiegelt eventuell ein verzweifeltes, rückgratloses Verhalten meinerseits wider. In manchen Fällen mag man unser Handeln vielleicht als verantwortungslos, idiotisch, inkonsequent und selbstgerecht bezeichnen. Meine Frau und ich sind es aber gewöhnt, eher als schwache, unfähige und freakige Eltern wahrgenommen zu werden. Wir entscheiden, was unseren Sohn angeht, nicht immer zwingend mit dem Kopf, sondern oft mit dem Herzen, und ob das dann nur situativ oder auch langfristig richtig ist, vermag ich im Moment der Entscheidung nicht immer zu beurteilen.

Ich schreibe, was ich denke, was ich fühle und manchmal vielleicht auch, was ich glaube, was unser Sohn denkt und fühlt. Das muss nicht immer richtig sein. Ich schreibe, denke und fühle da vielleicht, und das meine ich wertfrei, in anderen Maßstäben, aus einem anderen Paradigma, aus meinem ganz persönlichen Blickwinkel heraus. Ich bin wie gesagt kein Asperger-Experte oder Autismus-Fachmann, ich bin kein Therapeut, kein Mediziner, kein Autor, kein Professor, Doktor oder Pädagoge. Ich bin Vater.

Kapitel 2

Jason siegt nach Verlängerung

»Die Scheiße kannst du alleine fressen.«

Das war die Reaktion im ICE 882 nach München. Der wirklich nette Kellner hatte meinem Sohn die Tomatensoße nicht in einem Extraschälchen serviert, sondern sie direkt über die Spaghetti gegeben. So, wie er das vermutlich zehntausend Mal im Jahr bei anderen Gästen auch macht. Und die fünf Mal, wo einer seiner Gäste den Wunsch äußert, die Soße zu den Nudeln extra zu erhalten, vergisst der Kellner vielleicht leicht. Eigentlich ist das nichts Dramatisches.

Für meinen Sohn stellt dies aber die denkbar schlimmste Situation dar, denn die Nudeln können so jetzt nicht gegessen werden. Sie dürfen aber auch nicht zurückgegeben und neu zubereitet werden. Dann wird nämlich dieses Mahl, welches eigentlich sein Essen war, weggeschmissen. Das geht nicht. Es darf nichts weggeschmissen werden, was ihm gehört oder für ihn bestimmt war. Das ist eine Regel. Die Portion darf auch niemand anders essen, denn es ist ja seine, und erst wenn er gesättigt ist, entscheidet er über den weiteren Umgang mit eventuellen Resten. Denn er gibt nie etwas ab und er teilt auch nie.

Das sind alles Regeln. Streng einzuhaltende Regeln. Verstoß heißt Eskalation. In so einem Fall wie mit den Nudeln greift also das Worst-Case-Szenario. Die Situation ist nicht lösbar, ohne gegen eine Regel zu verstoßen. Es ist wie ein Fehler in der Matrix. Nun beginnt die Phase der Schadensbegrenzung. Ausrasten wird er jetzt in jedem Fall, weshalb man nun als Elternteil natürlich gezwungen ist zu handeln.

Eigentlich, denn ich schweige mittlerweile in solchen Situationen. Nicht nur gegenüber meinem Sohn schweige ich, auch gegenüber den Anwesenden im Bord-Bistro des ICE 882 nach München. Ich schweige gegenüber denen, die mich nur kopfschüttelnd ansehen, ich schweige gegenüber denen, die der Meinung sind, der Junge hätte mal eine Tracht Prügel verdient, ich schweige gegenüber denen, die ihrem Gesprächspartner mitteilen, ich wäre das beste Beispiel für einen Menschen, dessen Fähigkeiten zu gering seien, um Vater sein zu dürfen, ich schweige gegenüber denen, die mich offensiv auffordern, das Geschrei zu beenden. Ich schweige, und wenn ich gut drauf bin, lege ich noch ein süffisantes Grinsen kostenlos obendrauf. Ich bin des Aufklärens, des Erklärens und des Rechtfertigens überdrüssig.

Ja, es war mir durchaus unangenehm bei den ersten Malen. So einfach nichts zu sagen kostete mich ein wenig Überwindung. Am Anfang versuchte ich es schon mit Erklärungen und Rechtfertigungen – ohne sonderlich großen Erfolg, meist befeuerte ich damit erst das Entgleiten der Situation, da sich auch Jason genötigt sah, in die Diskussionen einzugreifen, meinen Standpunkt gegenüber den Mitfahrern zu relativieren oder auch zu korrigieren.

Beim ersten Mal war ich natürlich der rigorose Dad, der den lauten Beschimpfungen seines Sohnes mit scharfen Drohungen versuchte Einhalt zu gebieten. Ich achtete sogar darauf, nur Strafen anzudrohen, die sich auch realistisch anwenden lassen. Das ist nicht immer einfach, wenn dem Sohn nichts wichtig genug erscheint, als dass ein Entzug dessen bei ihm als Strafe ankommen würde. Stubenarrest, TV-Verbot, irgendein Spielzeug, welches ich ihm wegnehmen kann. Da ist nichts von Bedeutung.

Es gab nur unsere Touren in die Fußballstadien, die uns in unserer viel zu seltenen gemeinsamen Zeit früh eng miteinander verbanden und mit deren Einschränkung ich hätte drohen können. Wenn ich ihm also sagen würde, dass wir am nächsten Bahnhof aussteigen würden und der gesamte Wochenendausflug hinfällig wäre, wenn er sich jetzt nicht sofort anständig benähme, dann würde er sich beruhigen, dachte ich und sprach's aus. Nun gut, wir haben damals eine Menge Geld gespart, weil wir die Tour nicht durchführten, und eine Menge Geld verloren, weil wir die Tickets für die Veranstaltung, zu der wir wollten, nicht mehr zurückgeben konnten.

Es sah alles andere als nachahmenswert und pädagogisch wertvoll aus, wie ich die Bord-Bistro-Rechnung großzügig aufgerundet beglich, indem ich das Geld einfach auf dem Tisch liegen ließ, unseren Rucksack nahm und den Sohn, brüllend und wild um sich prügelnd, schnappte und am nächsten Bahnhof ausstieg. Das Wochenende war gelaufen.

Man kann anhand dieses Beispiels vielleicht erkennen, dass mangelnde Konsequenz nicht immer zwingend das Problem von Eltern ist. Man sollte dies berücksichtigen, wenn man verstehen möchte, was für Action-Movies bei uns zu Hause manchmal ablaufen.

Wie gesagt, mittlerweile schweige ich – aus unterschiedlichen Gründen.

Der Hauptgrund? Ich hatte damals keine Lust, jeden Ausflug spätestens nach der Hälfte der Anreise abzubrechen, denn Situationen wie die eben beschriebene Bord-Bistro-Szene erlebten wir zu Beginn unserer Reisen häufig. Trotzdem gab es auch eine Menge positiver Nebenwirkungen unserer Reisen, die ich nicht missen und die ich meinem Sohn, aber auch meiner Frau ermöglichen wollte.

Hauptgrund ist aber, dass ich lernte zu schweigen, weil dies die einzige Möglichkeit ist, die Folgen der Eskalation schnellstmöglich zu beenden. Es war ja nicht so, dass am Bahnhof dann Ruhe herrschte. Wir verlagerten das Problem nur in eine sowieso schon laute Atmosphäre. Bei späteren Vorkommnissen dieser Art dauerte es manchmal bis zu 30 Minuten, bis sich Jason wieder beruhigte. In dieser Zeit lernte ich Geduld. Selten wurde uns so etwas wie Verständnis, hinnehmendes Mitleid oder auch völlige persönliche Ausgeglichenheit vonseiten der uns umgebenden Mitmenschen entgegengebracht. Ausraster geschehen ebenso in der Supermarktschlange, im Wartezimmer beim Arzt oder mit fremden Passanten im Park, häufig also im Beisein anderer Menschen, die eigentlich nur ihren Frieden möchten. Das tut mir weh, denn viele Menschen beurteilen meinen Sohn dann nicht auf Basis des Anblicks seiner Schokoladenseite. Schließlich beeinflussen mein Sohn und ich, wenn auch nur kurzzeitig, deren Lebensqualität und deren Anspruch auf ein ruhiges Umfeld.

Es ist tückisch. Wenn man unseren Sohn heute im Alltag außerhalb des eigenen Zuhauses sehen würde, hätte man Mühe, wirkliche Eigenarten auf Anhieb zu erkennen. Er interagiert sprachlich mit Erwachsenen auf Augenhöhe und weiß sich meistens zu benehmen, zumindest wenn ihm die absolute Aufmerksamkeit gewidmet ist, alles nach seinem Plan verläuft und er die Themen diktieren kann.

Es ist tatsächlich kaum zu glauben, wie widerlich mein Sohn sein kann. Mir geht es nicht darum, wie er sich mir gegenüber verhält, selbst wenn er mich schlägt, beschimpft und mit heftigen Fäkalausdrücken anschreit. Das ist traurig, manchmal peinlich und immer verletzend, aber weder meine Frau noch ich haben Kraft genug, diese Ausbrüche uns gegenüber zu maßregeln. Wir sind erschöpft und müssen mit unseren Kräften streng haushalten. Wir haben gelernt, diese teils unwürdige Ansprache zu akzeptieren. Es gibt größere Probleme.

Jason kann mit vollem Einsatz und augenscheinlichem Stolz grausam und ekelhaft sein.

Er zeichnet sich auch während fiesester Handlungen noch durch ekelhaft rücksichtslos erscheinende Mimik und Gestik aus. Man hat oft den Eindruck, er genießt es, ein Scheusal zu sein.

Dass ich ihm in vielerlei Hinsicht nicht mehr gewachsen war, erfuhr ich früh auf einer unserer Touren durch Deutschlands Fußballstadien.

Es war an einem Sonntagmorgen, und ich leckte Multivitaminsaft vom Tisch, um das viel zu selten stattfindende gemeinsame Familienfrühstück zu retten, und auch sonst hatte ich zu diesem Zeitpunkt mein Leben fest im Griff.

Sohnemann interessierte sich sehr früh für Sachbücher und Reportagen. Comics und Zeichentrickserien interessierten ihn nicht. Zu seinem vierten Geburtstag wünschte er sich eine DVD, die sowohl die Urknalltheorie beschreibt als auch den Ablauf des zu erwartenden Big Crunchs *(Glossar 10)*.

Das Entwickeln ausgeprägter Spezialinteressen ist oft typisch für Menschen, die mit Asperger-Autismus leben. Oft vertiefen sie ihre Kenntnisse so intensiv, dass es ihnen im späteren Berufsleben auch zum Vorteil gereicht. Manchmal gestaltet sich dies jedoch auch eher schwierig, weil sich das Interesse auf Nischen bezieht und sehr ungewöhnlich ist. Kurz nach der Diagnose trafen wir im Autismus-Therapiezentrum einen Jungen im gleichen Alter, der sein Herz den Rasenmähern verschrieben hatte. Die Mutter war völlig verzweifelt, weil er über nichts anderes sprach. Er hatte kein einziges Buch zu Hause, aber ein Dutzend Kataloge mit Rasenmähermodellen. Das wollte ich irgendwie nicht.

Es war leicht, den Sohn mithilfe einiger YouTube-Videos ein wenig Umweltbewusstsein zu lehren. Ich selbst befand mich gerade in dieser sehr hirnrissigen Phase, in der ich mir einbildete, mit ein paar kleinen Tricks die Entwicklung meines Sohnes trotz der gerade frisch erhaltenen Diagnose entscheidend steuern zu können. Der einfältige Gedanke, dass ich ihm ein paar Physikvideos zeige, dies sich zu einem intensiven Spezialinteresse entwickeln und er sich den Nobelpreis für Physik schnappen könnte, war, wenn auch nicht so intensiv ausgeprägt, vorhanden. So jubelte ich ihm einige Umweltschutzclips unter, in der Hoffnung, dies würde seinen Umgang mit seiner Umwelt positiv und nachhaltig beeinflussen. Das wäre ein hilfreiches und sinnvolles Spezialinteresse.

Damals unterschätzte ich noch, wie eingepflanzte Gedanken unkontrolliert ihre Kreise ziehen können. Ähnlich eskalierend verlief es im folgenden Fall.

War es zu Beginn noch sehr hilfreich, jemanden im Hause zu haben, der sich darum kümmerte, dass Lichter nicht unnütz brannten, Heizungen nicht zu hoch eingestellt waren und Verpackungsmaterial zum Basteln weiterverwendet wurde, so wurde es im Rahmen der Müllvermeidungsstrategien, die Sohnemann ausarbeitete, allmählich anstrengend.

Es durften zu Hause quasi kein Müll und auch keine Speisereste mehr entstehen, die irgendwie entsorgt werden mussten. Zunächst bemerkten wir es nicht, dass sein Essverhalten sich veränderte, aber nach einiger Zeit rückte er mit der Sprache raus.

Sein Problem: Er teilt nicht. Speisen, welche sich auf seinem Teller befinden, können also erst, nachdem er sein Mahl beendet hat, einem weiteren Zweck zugeführt werden. Und dieser Zweck darf nicht die sinnfreie Entsorgung sein.

Der Papsi-Müllschlucker hatte seine Geburtsstunde beim oben erwähnten Schlecken des Multivitaminsaftes, den er versehentlich beim Frühstück verschüttete, und begleitet uns, wenn auch mittlerweile zum Glück in abgeschwächter Form, auch heute noch, gute fünf Jahre später.

Das Vorgehen des kleinen Umweltextremisten manifestierte sich in der Entwicklung des Papsi-Müllschlucker-Gedankengangs: Papsi kümmert sich um Reste.

Nachhaltig und sinnvoll, denn es ist ja kein Teilen mehr, wenn Papsi seine Speisen vor der Entsorgung rettet und verzehrt. Das sollte auch schon gut eine Woche später auf unserer nächsten Tour von Bedeutung sein.

Das Relegationshinspiel zur Dritten Liga, Holstein Kiel gegen Hessen Kassel, stand an, und nach Erhalt der Eintrittskarten hätte ich erahnen müssen, was uns dort erwartete.

Auf den Eintrittskarten tobte der Sponsoren-Mob.

Einige Geldgeber platzierten sogar noch einen neckischen Abreiß-Coupon auf der Eintrittskarte, die kaum größer war als eine Postkarte. Da war der erste Ärger schon vorprogrammiert, denn die Optik und das Layout der Eintrittskarten spielen bei der strengen Beurteilung der Fußballtouren durch unseren Sohn eine nicht zu unterschätzende Rolle.

Und nun dieser bunte Logo-Mix auf dem Ticket. So verwunderte das weitere Treiben in dem eigentlich schicken Stadion nicht weiter. Der Stadionsprecher begrüßte Herrn Kubicki noch freundlich, bevor er bedauerte, dass er die übliche Einmarschmelodie nicht spielen dürfe, weil er sonst aufgrund von Auflagen seinen Job verlöre. Die Aussage wurde von Pfiffen und kräftigem Geklatschpappe begleitet.

Richtig: Klatschpappen. *(Glossar 11)* Zu einem Fächer faltbare, immer mit lustigen Sprüchen versehene Pappen, mit denen sich rhythmisch Krach machen lässt. Eigentlich braucht die kein Mensch, aber schon lang vor Spielbeginn ist klar: Sie werden benutzt!

Das Stadion bietet zumindest für die heimischen Fans die Möglichkeit, ordentlich Stimmung zu machen, was einem Bruchteil der Kurve *(Glossar 12)*, die eigentlich eine Gerade ist, auch gut gelingt. Wobei man auch anmerken muss, dass es wenig wirklich kreative Fangesänge gibt, was aber den Sohn mittlerweile nicht mehr so sehr stört.

Es fällt auch ihm langsam auf, dass Gesänge wie »Komm bring uns den Sieg heim ...« oder »Olé, hier kommt der ...« ligaunabhängig recht austauschbar über die Stadien der Republik regieren.

Dass der Stadionsprecher dann noch dazu aufrief, per SMS seine persönliche Grußbotschaft an die neue Lotto-Schleswig-Holstein-LED-Anzeigetafel zu senden, offenbarte nun auch hier die bittere Realität der durch Sponsoren gepushten Eventveranstaltungen. Eigentlich wollten wir doch nur Fußball schauen.

Dass es schlimmer werden kann, bewiesen die Cheerleader-Truppe, die vor dem Spiel, in der Halbzeitpause und nach dem Spiel die Massen unterhielt, und der Stadionsprecher, der die beiden mich sowieso schon nervenden Tore der Kieler nach seiner fast schon cholerischen Ansage mit dem mittlerweile auch ebenfalls obligatorischen Danke-Bitte-Duett *(Glossar 13)* mit den Zuschauern untermalte.

Der Höhepunkt der PreGame-Show war das Interview, welches der Stadionsprecher vor dem Spiel mit einem »Fan« durchführte:

»Hallo, du bist also heute hier, um Holstein zu unterstützen. Bist du öfter hier oder nur wegen der Relegation?«

»Nein, ich bin echter Holstein-Fan. Ich war auch schon gegen Dortmund im DFB-Pokal da.«

Das Gelächter, welches nicht nur aus dem fies platzierten Gästeblock drang, verunsicherte den jungen Mann etwas.

»Und wirst du das Team am Sonntag in Kassel auch unterstützen?«

»Äääh, mal schauen.«

Wohl eher nicht. So wie weitere 90 Prozent der heutigen Stadionbesucher.

Natürlich musste ein teuflischer Spielverlauf folgen, wenn die Event-Hölle schon vor Spielbeginn ihre Pforte so weit öffnete. Mit dem 1:0 zur Pause war Hessen Kassel noch mehr als gut bedient gewesen, und der Sohn fing an, sich mehr und mehr mit dem Geschehen rund um den Platz und auf den Zuschauerrängen zu beschäftigen. Er genoss meine Verärgerung über das übereventisierte Drumherum und saß grinsend bis zum Ende des Spiels neben mir.

Zwei Stunden nach Abpfiff saßen wir dann schon in einer Pizzeria am Kieler Hafen. Es war mittlerweile 22.00 Uhr. Sohnemann und ich schwiegen uns an. Ich hatte meine Pasta bereits verzehrt. Er hatte von seiner Pizza drei Stücke übrig gelassen. Die Selbstverständlichkeit, mit der ich aufgefordert wurde, meiner Verantwortung als Müllschlucker gerecht zu werden und die Stücke zu essen, verwunderte den Nachbartisch, was mich aber relativ wenig juckte. Er hätte mir die Pizzastücke auch vor die Füße werfen und sagen können: Friss! Ich war es mittlerweile fast gewohnt, aber die Tonalität der Ansage verringerte ja mein Problem nicht. Ich hatte nicht einfach nur keinen Hunger mehr, sondern ich befürchtete, mich zu erbrechen, wenn ich jetzt auch noch seine Pizza aß. Ich wollte es aussitzen. Ich erklärte ihm in Ruhe, dass ich seine Pizza nicht essen würde, weil ich satt sei und bereit dazu, das Problem auszusitzen. Und diesmal würde ich gnadenlos sein. Ich hatte ja auch schon einiges versucht, um das Problem erst gar nicht entstehen zu lassen. Kinderportionen verweigerte er mit dem Hinweis, dass er mit sieben schließlich kein Kind mehr sei. Für mich selbst nur eine kleine Portion zu bestellen, bedeutete dennoch, nach meinem Einsatz als Müllschlucker überfressen ins Bett fallen zu müssen.

Jetzt war Schluss mit Rücksichtnahme. Irgendwo müssen ja schließlich auch mal Grenzen gezogen werden, denn auch wenn er Autist ist, bin ich ja nicht seine Marionette, und die Anzahl an Regeln, die mir nicht zwingend elementar wichtig erschienen, wuchs täglich.

Zudem nervte es ungemein, dass die Nahrungsaufnahme bei Sohnemann sehr, sehr lange andauert – diese ätzende Angewohnheit hat er von seiner Frau Mama. Meine Frau zelebriert das Essen so sehr, dass wir gar nicht mehr gemeinsam essen gehen können. Ich bin eigentlich eher der Typ Schaufelbagger. Mein 300-Gramm-Steak mit Salat und Beilagen sind verputzt, während Frau Gemahlin die vierte Erbse sauber mittig seziert hat, um sie auf der freien Gabelspitze neben dem Kartoffelstückchen und dem Maiskorn zu platzieren.

So speist auch der Sohn. Was immer zur Folge hat, dass ich meine Portion verspeise und 30 Minuten warten muss, um dann als Müllschlucker für erkaltete

Speisen zu fungieren. Ich war des Müllschluckens überdrüssig, und diese bisher so friedlich verlaufene Tour mit den wenigen Fluchtmöglichkeiten, nachts in Kiel, schien mir eine gute Möglichkeit, es im romantischen Kerzenschein am Hafen zur Eskalation zu bringen und das Thema zu beenden. Ich dachte damals noch, ich müsste ihn und seine Regeln brechen, um nachhaltig das Thema vom Tisch zu bekommen, und die knutschenden Pärchen um uns herum würden das sicher verstehen, wenn er mir gegenüber ausfallend wurde. Ich bot ihm vor der Bestellung erneut an, dass wir die Pizza teilen könnten beziehungsweise dass ich ihm frühzeitig helfen würde. Er lehnte ab. Ich verdeutlichte ihm die Ernsthaftigkeit meines Anliegens und warnte davor, dass nachher die Pizza auf dem Teller liegen bliebe.

Keine 20 Minuten nach Erhalt unserer Speisen grinste er mich an und sagte, wir müssten dann wohl jetzt die ganze Nacht hier sitzen bleiben, und sein Blick beinhaltete dabei in etwa den emotionalen Ausdruck einer Kartoffel. Mit so einem eiskalten Ausdruck in den Augen von Goycochea 1990 wären wir vielleicht früher in den zweifelhaften Genuss von Andy Brehmes Tränen *(Glossar 14)* gekommen und hätten nicht bis zum Abstieg der Lauterer warten müssen.

Dieser hartnäckige kleine Drecksack. Ich war platt. Die Strecke München-Kiel per Zug empfiehlt sich einfach nicht, wenn man zusätzlich die Zugfahrt nutzen muss, um seiner Arbeit nachzugehen und auch die Nächte zuvor schon wenig geschlafen hat. Ich war müde, hoffte aber weiterhin, das Thema mit einem vernünftigen Kompromiss beenden zu können. Der Sohn war entspannt und stellte klar, dass er sitzen bleiben würde, bis die Pizzastücke verzehrt seien. Von wem diese gegessen würden, sei egal, aber sie würden nicht weggeschmissen und, da Mitnahme ja auch immer die Umwelt belastendes Verpackungsmaterial erforderlich machte, auch nicht mitgenommen. Er argumentierte die gesamte Stunde unserer Diskussion ruhig, und zu keinem Zeitpunkt ließ er Zweifel aufkommen, dass er einknicken könnte. Würde ich ihm drohen zu gehen, würde er mich bitten, ihm Geld dazulassen, damit er morgen früh nach Hause fahren könne. Angst kennt er in solchen Momenten nicht. Er wäre da gnadenlos sitzen geblieben. Ihn ungefragt zu schnappen, ihn also ohne ausdrückliche Erlaubnis fester anzufassen, führt zur völligen Eskalation und stellt mittlerweile keinerlei Lösungsoption mehr da.

Vor einigen Tagen war es das umgefallene Multivitaminsaftglas, und ich bin noch heute sehr dankbar, dass ich den Saft vom Tisch und nicht vom Boden lecken musste. Demut ist eben auch eine Sache des Blickwinkels. Um 23.15 Uhr verließen wir das Restaurant, kurz nachdem ich drei eiskalte Pizzastücke unter den triumphierenden Blicken meines Sohnes inhaliert hatte. Er überzeugte mich so:

»Papsi, findest du nicht, meine besondere Logik bereitet uns manchmal größere Probleme als diese drei Pizzastücke?«

Argumentativ geschlagen trat ich mit ihm den Weg ins Hotel an, und wir fielen beide innerhalb weniger Sekunden in einen komaähnlichen Schlaf.

Kapitel 3

Stadionidylle in Aue

Die besondere Logik. Damit entschuldigten wir oftmals chaotische Situationen oder erklärten Jasons ungewöhnliche Handlungen, die wir, ahnungslos wie wir waren, mit seinem Autismus in Zusammenhang brachten.

Wir mussten viel lernen, und uns sind massig Fehler unterlaufen, aber ich finde, wir waren auch fleißig, wissbegierig und haben unserem Sohn und den uns unterstützenden Personen bestmöglich zugehört.

Die besondere Logik, dieser Begriff kam erstmals zum Einsatz, als Jason merkte, dass die anderen alle so seltsam anders sind als er. Er fragte sich, warum es Menschen gibt, die sich auf die Lippen küssen, wozu man Freunde braucht und wie man es schafft, in Ruhe am Familientisch mit Mama, Papa und der Schwester frühstücken zu können. Noch dazu, wenn einer von denen sich erdreistet, sein Brot oder Brötchen mit Butter zu bestreichen, mit Salami, Käse oder Streichwurst zu belegen oder er dem Verzehr der anderen

200 ekligen Lebensmittel beiwohnen muss. Die Toleranzschwelle ist sehr niedrig, wenn man dermaßen angewidert ist von diversen Lebensmitteln, Gerüchen, Geschmäckern, Geräuschen, eben von der Vielzahl an Eindrücken, die man vollkommen ungefiltert wahrnimmt.

Er findet es eigentlich nie ungewöhnlich, dass er diese ausgeprägte Abneigung gegen etwas empfindet, sondern ist verwundert, warum der Verzehr von Salami in mehr als einem Meter Entfernung bei 99,9 Prozent der Menschheit keine Ekelgefühle hervorruft oder wieso andere Menschen Zeit in eine Freundschaft investieren.

Ich liebe diesen Blickwinkel, denn dies macht meinen Sohn fehlerfrei. Er könnte nackt den Ku'damm runterlaufen und würde sich aus dem Blickwinkel heraus eher wundern, warum alle anderen noch eine Hose anhaben. Zwar gilt die Fehlerfreiheit nur für seinen eigenen Blickwinkel, und natürlich unterliegt sie gewissen Gefahren, was Auswirkungen auf sein Verhalten betrifft, und ist auch einer intensiven Selbstreflexion nicht zuträglich. Unterm Strich betrachtet, half ihm aber das daraus resultierende Selbstbewusstsein auch, sich Sachen zuzutrauen, sich Herausforderungen zu stellen und dadurch schwierige Lebensumstände zu meistern.

Wenn er der Meinung ist, dass sich mindestens

95 Prozent der Kinder zwischen acht und zehn mehr für die Quantenmechanik *(Glossar 15)* als für Fußball interessieren sollten, dann ist das eben so. Da gibt es nicht den Hauch eines Zweifels und zumindest kein zugegebenes Hinterfragen. Er lebt mit der Selbstverständlichkeit, in der Regel recht zu haben. Das bringt viele Nachteile mit sich, aber als Eltern eines autistischen Sohnes gehört es nicht zu unseren Aufgaben, seine Reaktionen und Handlungen passend zu machen, ihn zu konditionieren. Da ist auch Vorsicht geboten. Insbesondere im Bereich Autismus und in Verbindung mit den Mythen über Auslöser, Herkunft oder Ursachen wird viel Schindluder betrieben. Das beginnt bei fragwürdiger Behandlung mit chemischen Substanzen und endet in Drill-Therapien, die auf Willensbruch und strikte Konditionierung ausgelegt sind, um Autisten passend und normgerecht in die Gesellschaft zu quetschen.

Ich wüsste nicht einmal, wer die Norm festlegt, obgleich ich oft spüre, wenn wir den Grad des Üblichen verlassen. Wir sehen uns in der Herausforderung, sein Umfeld an ihn anzupassen, und nicht umgekehrt. Das erfordert viele verständnisvolle Menschen um uns herum, und das wiederum ist sehr praktisch. Mit denen umgebe ich mich auch selbst am liebsten.

Jasons beeindruckende Auffassungsgabe und die enorme Wichtigkeit von Ehrlichkeit und Aufrichtigkeit für ihn, aber auch unser Bewusstsein, dass wir es zu diesem Zeitpunkt mit einem Fünfjährigen zu tun haben, veranlasste uns dazu, zu glauben, dass unser Sohn natürlich kein Syndrom oder eine Behinderung hat.

Er hat eben eine besondere Logik. Wir empfanden es einfach als zu früh, unserem Sohn etwas zu erklären, dessen Spektrum so groß, so vielfältig ist, dass wir es selbst noch nicht in vollem Umfang umreißen konnten. Es gibt nicht *den* Autisten, so wie es auch nicht *den* Schüler, *den* Politiker, *den* Moslem, *den* Mini-Jobber, *den* Profisportler, *den* FC-Bayern-München-Fan, *den* Abiturienten oder *den* Brillenträger gibt, dem man allgemeingültige Eigenschaften nachsagen kann. Autisten lassen sich auch nicht in eine Schublade quetschen. So dankbar man für die geleistete Aufklärung durch Filme wie *Rain Man* sein muss, umso mehr muss jedem klar sein, dass der Film für den Umgang mit Autisten nicht gerade förderlich war.

Mein Sohn ist weder in der Lage, die genaue Anzahl mehrerer Hundert Streichhölzer in Sekunden zu erfassen, wenn ich sie ihm vor die Füße schmeiße, noch verfügt er über ein automatisiertes Mathegenie-Gen, welches ihn zur schnellen Lösung komplexester Matheformeln befähigt. Grundsätzlich halte ich diese Erwartungshaltung an Autisten, sie müssen doch wenigstens irgendein außergewöhnliches Kunststückchen vollbringen können, für sehr anstrengend. Wenn Sie Jason am Ende dieses Buches kennengelernt haben, wissen Sie sehr viel über Autismus, aber Sie kennen auch dann nur einen Autisten.

Jasons besondere Logik beeinflusst natürlich auch unsere Touren zu den diversen Fußballvereinen dieses Landes.

Das geschieht meistens schon in der Planungsphase, wenn es um die Auswahl des nächsten Zieles geht, und so saßen wir dann auch plötzlich zwischen den Schachtscheißern Zörnitz und den Jungs von der Koma-Kolonne Carnitz, zwei Erzgebirgler-Fanclubs aus der Region, die ihrem Bannermotto »Wir trinken aus« nicht nur theoretisch nachkamen, sondern einige Liter Bier vernichteten, während wir unsere Plätze im benachbarten Familienblock suchten.

Hier genossen wir das idyllischste Stadion Deutschlands beim FC Erzgebirge Aue und lauschten dem Gesang aus Hunderten Kehlen: »Zwei gekreuzte Hämmer und ein großes W, das ist Wismut Aue, unsere BSG. Wir kommen aus der Tiefe, wir kommen aus dem Schacht, Wismut Aue, die neue Fußballmacht.«

Unsere Tourenplanung nahm längst keine Rücksicht mehr auf die klassischen Rahmenbedingungen, die den neutralen Fußballfan zu einem Spiel locken. Eine komplexe Bahnanreise steht deutlich über einem möglichst attraktiven Gegner. Ein nett gelegenes Stadion, eine Verrücktheit des direkten Vereinsumfelds stand in der Gunst des Sohnes deutlich über der Möglichkeit, Stars wie Franck Ribéry, Pierre-Emerick Aubameyang oder Ralph Gunesch *(Glossar 16, 17, 18)* live bei der Arbeit zuzusehen.

Jason orientierte sich an den Routinen, die ein Stadionbesuch glücklicherweise mit sich bringt. Eine weite Anreise, man läuft auf das Stadion zu, Taschenkontrollen, Ticketabriss oder elektronische Ticketkontrolle, Sitz- oder Stehplätze einnehmen, Anzeigetafel begutachten, Werbebanden, Trainerbänke, Maskottchen, Mannschaftsaufstellung, Heimkurve, Gästefans, Spiel, Halbzeit, Merchandise-Stand, Catering, Halbzeit zwei, Spielende und Abfahrt. Es gibt bei jedem Spiel ein festes Gerüst an Abläufen und planbaren »Sehenswürdigkeiten«, das jeder Verein, jede Mannschaft, jede örtliche Gegebenheit und jede Fangruppierung jeweils unterschiedlich zu füllen weiß. Das gefällt dem Sohn, und so konnte er dann nach mittlerweile 30 besuchten Spielen über das Selbstverständnis der Aue-Fans schmunzeln. Wäre dies unser erstes Spiel, hätte er zunächst gefragt, warum ausgerechnet Aue eine neue Fußballmacht sei, und wenn ich ihm versucht hätte zu erklären, dass Fußballhymnen aus der Kurve nicht immer so ganz ernst zu nehmen sind, hätten wir vermutlich unverrichteter Dinge wieder abreisen müssen, weil er mit den Lügnern nichts zu tun haben wollte, wenn die nicht wenigstens unmittelbar vor dem Spiel aus dem Schacht geklettert kamen.

Der Ironie-Sensor des Sohnes benötigt etwas länger und war zu Beginn unserer Touren quasi nicht existent. Im Fußballkontext versteht er heute zumeist auch die feine Humorklinge, die zu selten auftaucht, in Stadien aber dennoch oftmals präsent ist, genau wie das Mitgefühl oder die Trauer, die eine Kurve ausdrücken kann, wenn ein Mensch von ihnen gegangen ist, der ihre Liebe zum Verein teilte, oder wenn eine Fangruppierung Farbe bekennt zu einem gesellschaftlichen oder politisch aktuellen Thema. Da erleben Fremde ein gemeinsames Empfinden und bringen es zum Ausdruck. Es ist faszinierend, ihm zuzuhören, wie er Bannerbotschaften, Choreografien (*Glossar 19*) und Gesänge interpretiert und einordnet, auch wenn es in Stadien sicherlich oftmals zu Äußerungen kommt, die nicht zwingend für die Ohren eines Kindes gedacht sind und Erklärungen oder Verleugnungen des Gehörten oder Gelesenen bedürfen. Aber dazu ein wenig später mehr.

Die Wahl, sich an diesem Sonntag die Macht aus dem Schacht anzuschauen, traf der Sohn besonders logisch. Er fand heraus, dass es in Gößnitz den längsten Bahnsteig Deutschlands gibt und dies, auf der Zugfahrt von uns aus, ein Umstiegsort mit längerem Aufenthalt auf dem Weg nach Aue ist. Den Bahnsteig müsse man sich ja auf jeden Fall einmal anschauen, und wenn man sowieso schon in der Nähe sei, dann könne man sich auch gleich einmal dieses wunderschön gelegene Stadion in Aue anschauen. Die Sinnhaftigkeit unserer Reiserouten unterliegt also ebenfalls einer besonderen Logik.

Der gebotene Rahmen im Erzgebirgsstadion entschädigte für einiges, auch wenn ich bezweifle, dass 15 Stunden An- und Abreise gerechtfertigt sind, um in den Genuss des in Groundhopper-Kreisen *(Glossar 2)* berühmten Wurstgulaschs zu gelangen, selbst wenn man dies wirklich mit herausragendem Ausblick in Teile des Erzgebirges genießen kann. Jason registrierte die etwas merkwürdige Atmosphäre, so fast ohne Gästefans und mit zwei Dutzend Sponsoren auf Werbebanden und im Stadionheft, von deren Unternehmen wir zuvor noch nie gehört hatten. Die spartanisch eingerichteten Imbissbuden wurden selbst oder von der örtlichen Fleischerei betrieben, und die Preisgestaltung war auch für einen damaligen Zweitligisten im untersten Preissegment angesiedelt. Der Sohn studierte zunächst die Heimkurve, auf deren Überdachung groß geschrieben stand: »Grubenlampe Arbeitsschuh – Wismut Aue Ich und Du.«

Zum Glück wurde er abgelenkt vom Jungen gleichen Alters neben ihm, der lautstark als Einziger im Umkreis von zehn Metern jeden Schlachtruf mitkrakeelte, und auch vom Herrn schräg hinter ihm, der bei jedem noch so kläglichen Abschluss der Erzgebirgler in der Lautstärke ansteigend in unser Ohr schrie.

Lernen kann man auf unseren Touren ebenfalls viel. Die Taxizentrale und der angeschlossene Fuhrpark in Aue bestehen sonntags aus einem Mann, der mit seinem Mobiltelefon im einzigen Taxi sitzt. Eine wichtige Erkenntnis, wenn man nach Spielende auf ein Taxi nach Zwickau angewiesen ist, da der nächste Zug von Aue erst 90 Minuten später abfährt und somit eine Ankunft in der Heimat am gleichen Abend, dem Abend vor einem Schultag, nicht mehr möglich wäre.

Viel zu spät in Zwickau angekommen, verpassten wir zielsicher den geplanten Zug, was uns eine Heimkehr erst nach 23.00 Uhr einbrachte. Ein teurer Tag, über dessen verantwortungsvolle Nutzung man streiten kann, und trotzdem blieb es sowohl dem Sohn als auch mir als das erste Spiel in Erinnerung, bei dem nicht nur ich sichtlich mehr Spaß am Geschehen um uns herum hatte. Für mich war das schon bei unseren ersten Spielen so. Ich genoss den Blickwinkel auf die auf unterschiedlichste Art und Weise mitfiebernden Fans aus meinem ganz neutralen Fußballfan-Winkel sehr. Ich musste nicht innerlich gezwungen irgendeinen Mist verteidigen, den Fans meines Vereins verzapft hatten, und durfte würdevolle, amüsante und lustige Momente beider Fanseiten ohne Gewissensbisse unterstützen, ohne erneut eine Niederlage meines Vereins erdulden zu müssen. Ich konnte dem still mitfiebernden, sich die Fingernägel blutig kauenden Haupttribünen-Fan beobachten und durfte dem Spuckschwall meines Hintermannes beim Torjubel in der Kurve beiwohnen. Ohne das Adrenalin des Erfolgserlebnisses deiner Lieblingsmannschaft fühlt sich allerdings auch das Bier des Hintermannes auf deiner Schulter plötzlich um ein Vielfaches unangenehmer an. Es war eine sehr wichtige Erkenntnis, sehr schnell Gewissheit zu haben, dass die Wahrscheinlichkeit, auf der Haupttribüne neben einem Arschloch zu sitzen, nicht größer ist, als in einer Fankurve neben einem zu stehen.

Bei Jason dominierte in einer Phase unserer Fahrten der völlige Tunnelblick aufs Spielgeschehen. Er registrierte den Eckball-Gong oder die Stadiondurchsagen, aber ansonsten war er im Spiel gefangen. Ich mag diese Momente sehr, denn es beinhaltet 99 Prozent des Sinnes, warum ich normalerweise selbst ins Stadion gehen würde.

Das Spielgeschehen, genossen in unmittelbarer Nähe, unverfälscht und unkommentiert.

Mir gefiel, wie sehr er das Spiel aufsog, und war erfreut, wenn er 20 Minuten und länger wortlos einen analytischen Blick gen Spielgeschehen richtete.

Ernüchternd und mit befriedigendem Abschluss ist

dann aber auch oftmals die Auflösung in der Halbzeit oder nach dem Spiel, wenn er doch eher die Einheitlichkeit der Schuhwerkfarben in der Viererkette der Heimmannschaft lobend erwähnt, bevor er dann doch noch dem Zuckerpass des Mittelfeldstrategen huldigt. Ein Pass aus der Tiefe des Raumes in grell orangenen Schuhen mitten ins Herz. Müssen wir für die Feststellung von Schuhfarben wirklich mit Bummelzügen durch Deutschland fahren?

Aber eigentlich befinden wir uns in dieser Phase der ungewöhnlichen Spielwahrnehmung schon recht weit weg von den Anfängen unserer Touren.

Kapitel 4

Sitzen ist für'n Arsch

Wenn wir über die Anfänge unserer Touren sprechen, dann reden der Sohn und ich von unterschiedlichen Spielen, wenn es um *das* erste Spiel geht. Sein tatsächliches erstes Spiel war nämlich der TSV 1860 München gegen weiß nicht mehr wen, und es war nicht sehr spektakulär. Jason müsste ungefähr drei gewesen sein, und er schwärmte von diesem leuchtenden Stadion, das er im TV sah. Es leuchtete rot, und ich versprach ihm, da demnächst einmal hinzugehen. In weiser Voraussicht und gemäß meiner Verantwortung als Vater bot ich ihm an, mal hinzugehen, wenn das Stadion blau leuchtet. Wir wohnten damals in München, rot schien mir als Farbe für einen Lieblingsverein sehr gefährlich, wenn er nicht aus Düsseldorf kommt. Und so turnten wir schon zwei Wochen später durch die Sitzreihen der Allianz Arena. Die Sonne blendete uns, es fiel kein Tor, und Jason registrierte nicht einmal die Stadiondurchsagen. Auf den Nachbarsitzen aß jemand Sonnenblumenkerne. Jason studierte 45 Minuten lang

andächtig, wie der Herr Kern für Kern durch Aufbei-
ßen aus der Schale löste und die Schalen auf den Boden
spuckte. Nach der Halbzeit wurde uns dann langwei-
lig, und wir sind gegangen.

Wenn es nach Jason geht, war der eingangs beschriebene Geburtstagsausflug mit Opa sein erster Besuch eines Fußballspiels. Der Moment, als ich jedoch
realisierte, was wir uns da vorgenommen hatten, welche Chancen sich daraus ergeben könnten, welchen
Risiken Jason sich dadurch aber auch immer wieder
aussetzt, diesen sehr klaren Moment hatte ich in Gelsenkirchen. Auf Schalke wurde ich süchtig nach dem
Anblick meines faszinierten Sohnes.

Ich bin mir nicht sicher, aber vermutlich gibt es
wenige Orte in Europa, wo der Verein und die Stadt
so eng miteinander verbunden sind wie in Gelsenkirchen. Schalke-Flaggen stehen Spalier beim Gang
durch die Innenstadt. Der Bäcker, die Hotels und der
Fleischer bieten diverse Fanartikel an oder stehen zumindest damit hinter ihrem Verkaufstresen.

Die Farbe Gelb würde nicht existieren, wenn
McDonald's nur den Hauch einer Ahnung hätte, was
ein königsblaues »M« dieser Stadt bedeuten würde
und wie viel Mehrumsatz dies einbringen könnte.
Beim Thema Kohle wird einem aber auch schnell klar,
dass es davon im Pott nichts oder nicht mehr viel gibt.
Ich kenne wenige gut frequentierte Fußgängerzonen,

in denen es sich lohnt, Schuldnerberatungen und Pfandleihen einzurichten oder Walk-In-Kreditshuttlestores zu betreiben. Hier gibt es sie.

Man kennt es auch aus Nürnberg, München oder Frankfurt oder Hamburg, dass man in der Bahnhofsumgebung meist mit Alkohol bewaffnete, reichlich verlotterte Gruppierungen findet, denen man ansieht, dass sie sich hier nicht erst seit ein oder zwei Stunden befinden.

Aber hier in Gelsenkirchen war ich mir nach Ankunft am Bahnhof nicht sicher, ob es sich um Bestandteile des Bahnhofsmilieus handelt oder repräsentative Fangruppen von Schalke 04 ihrem allwöchentlichen Spiel-Warm-up frönen. Ausnahmslos alle waren in Schalke-Outfit mit Kutten, Schals und Mützen bekleidet, und leider gibt ja auch der hohe Alkoholpegel nicht immer eine verlässliche Auskunft über die Einstellung zum Bundesligageschehen. Einige waren so hart alkoholisch angeschossen, dass sie ihre Flasche Bier in der eigenen Hand nicht mehr fanden, demnach also auch niemals mehr den Weg bis zum Stadion hätten absolvieren können. Eine harte, bedrückende Szenerie.

Zeitlich war zum Glück noch ein Besuch des Marriott Hotels am Stadion möglich. Während das Schalker Team unmittelbar vor unserer Ankunft schon abgefahren war, hielt sich der ein oder andere Düsseldorfer

Spieler noch entspannt in der Lobby auf. Kurz nachdem mit Trainer Norbert Meier auch der letzte aktive Teilnehmer des späteren Geschehens das Hotel verließ, traten auch wir dick eingepackt den Weg zum Stadion an.

»Setz dich mit Sohnemann über das Mundloch *(Glossar 20)*, den Eingang der Nord«, lautete der Tipp, den ich zuvor erhielt. Ich kannte diesen Begriff nicht und hatte Sorge, wie dann der Eingang in der gegenüberliegenden, gegnerischen Kurve genannt wird.

Um einen dieser Plätze am Mundloch zu ergattern, muss man vermutlich vier Stunden vor dem Spiel am Stadion eintreffen. Das sagte mir allerdings niemand.

Die Nordkurve war knappe 45 Minuten vor dem Spiel pickepackevoll! Das war nicht nur bezüglich der Gesamtmenge an Zuschauern neu für uns. Keine der Heimkurven der zuvor besuchten Vereine war so früh dran, so voll, so aktiv, so stimmungsvoll.

Ich muss zugeben, dass mich dies ein wenig beeindruckte. Wir stellten uns in Höhe der fünften Reihe an die Seite, was einem Ordner sofort zu missfallen schien und er auf uns zustürmte. «Scheiß Wichtigtuer!«, dachte ich noch, da war er schon da und plärrte mir unverständlich ins Gesicht.

»Gehensema da runner zu de annere Kinners«, sagte der sehr freundliche Ordner, und doch klang es durch den Dialekt ruppig. Ich war, wenn überhaupt, nur die

Gesichtsausdrücke und das testosteronelle Verhalten der Securitys gewohnt, die eher auf eine martialische oder eiskalte Mimik Wert legten. Das war auf Schalke schon auffällig zuvorkommend, vielleicht aber auch unserer offensichtlichen Hilflosigkeit geschuldet.

Da standen wir nun. Erste Reihe Nordkurve, Höhe Eingang N5, mit einigen anderen Kids und deren Eltern und Schalkes Elitefans. Das Warmmachen begann, die Heimmannschaft wurde lautstark empfangen, und ich hatte das Vergnügen, die Konversation von Heinz und Uschi zu verfolgen, die es sich vermutlich schon heute Morgen mit einigen Pilsken in der Nord gemütlich gemacht hatten.

Jason blickte völlig gebannt und entgeistert in Sekundenabständen in unterschiedliche Richtungen. Überall passierte etwas, Gesänge, Fahnen und Gehüpfe. Zwischendurch guckte er sich fest, und man sah die Faszination in seinen Augen über die Geschehnisse um ihn herum. Das war alles andere als sein bevorzugtes Umfeld. Laut, unberechenbar, eng. Er hasst solche Rahmenbedingungen. Hier stand er auf der Schalke Nord und strahlte wie ein Honigkuchenpferd. Der Rahmen war ihm scheißegal. Er genoss es einfach.

Am schicken Würfel in der Arenamitte wurde soeben Jones' Gelbe Karte angezeigt. Auf diesem Würfel wurden häufig auch Schiedsrichterentscheidungen noch einmal bildlich animiert dargestellt. Wenn ich an die Truppe vom Bahnhof und an das mittlerweile erreichte alkoholische Level denke, war das gar keine schlechte Idee. Auch hier in der Kurve waren einige nicht mehr in der Lage, zwischen Foul, Abseits, Ecke und Einwurf zu unterscheiden, auch wenn sie es sich nicht nehmen ließen, bei jedem Pfiff gegen Schalke lautstark mitzuteilen, dass der Schiri sowieso immer nur Scheiße pfeift.

Was er aber auch bei jedem Spiel tut. So wie alle anderen Schiedsrichter auch. Es war früh auf unseren Touren auffällig, dass man eigentlich bei jedem Spiel, in jedem Teil des Stadions Anhänger beider Mannschaften findet, für die der Schiedsrichter der schlechteste Mann auf dem Platz ist, weil er nur für den Gegner pfeift oder gegenüber dem eigenen Team konsequent, beim Gegner aber nachlässig ist. Ich kannte die Experten, die gemütlich vor dem TV nach der siebten Zeitlupe aus dem zwölften Blickwinkel in Super-Slow-Motion den Körperkontakt erkannten und auf den unfähigen Schiedsrichter einprügelten. Aber ich war überrascht, dass sich diese weitverbreitete Unart auch unter den Zuschauern im Stadion fand, die aus teils bis zu 100 Metern Entfernung nach zwölf Bier etwas gesehen haben wollen, was der Schiedsrichter und sein Gespann aus Linienrichtern aus optimalerem Blickwinkel nicht gesehen haben. Das war mir neu.

Das Gegentor zum 1:1, welches ja direkt vor der Nordkurve fiel, ließ dann aber auch die letzten Dämme brechen. Vermutlich trat nun das zum Vorschein, was Schalke von anderen Vereinen wie RB Leipzig, der TSG 1899 Hoffenheim oder dem VfL Wolfsburg unterscheidet und hier so besonders anmutete. Man kann da sicherlich zehn weitere Bundesligavereine nennen, wo es ebenfalls emotional, impulsiv und enthusiastisch zugeht, aber eben doch ein anderes Maß an Intensität aufweist als auf Schalke. Hier wird gelitten, und es herrscht aufrichtige Betroffenheit.

Betroffenheit. Ich rede nicht davon, dass man sich hier ärgert oder aufregt über das zugegebenermaßen auch recht unverdiente Gegentor. Ich rede auch nicht davon, dass man besserwisserisch über den eigenen Trainer urteilt, der die falschen Leute aufgestellt hat, oder sich einfach nur über den unfähigen Verteidiger X oder über Torwart Y, den Vollidioten, aufregt. Die gesamte Kurve war nach dem Gegentor persönlich betroffen.

Uschi war den Tränen nahe. Heinz nahm sie in die Arme. Neben mir stand ein Baum von Vater, der tieftraurig stammelte: »Nicht schon wieder, nicht schon wieder.«

Fassungslosigkeit-Bestürzung-Betroffenheit-Trauer-Angst. Alles ganz plötzlich präsentiert, ohne jegliche Schuldzuweisung. Gefühlt war hier soeben der Abstieg beschlossen worden. Von der ersten direkt in die 14. Liga. Alles zu lesen aus den Augen der Kurve.

Das Gegentor ging einigen so nah, dass ich überlegen musste, wann ich das letzte Mal in Verbindung mit Fußball einen so intensiven, kollektiven Ausdruck von Gefühl, gleich welcher Richtung, gesehen hatte.

Ich habe schon aus Protest schweigende Kurven gesehen. Meist Kurven, die angesichts ihrer Wut auf die eigene Mannschaft nicht mehr zu einer Unterstützung willens waren, antreibende Ultras, starken spielabhängigen Support, langweiliges Abspulen der 08/15-Gesänge, aber eine komplette Kurve so intensiv still betroffen zu sehen, war ungewöhnlich. Still nicht, weil sie jetzt die Mannschaft nicht nach vorne treiben wollten, sondern weil sie es einfach nicht konnten.

Es war definitiv anders und besonders. Es dauerte vier oder fünf Minuten, bevor sich die Fassungslosigkeit und Lethargie über monotones Vor-sich-hin-Schimpfen und hoffnungsvolles Anfeuern zur Jetzt-erst-recht-Stimmung entwickelte. Das war nicht besonders laut oder außerordentlich stimmgewaltig, aber von nicht gekanntem Trotz und Hoffnung beherrscht.

»Steht auf, wenn ihr Schalker seid ...«, hallte es ins Rund, als ich sah, dass Jason auf dem Boden saß.

Ich hatte ein schlechtes Gewissen, da ich dachte, er wäre eben doch überfordert ob all der Reize und ich hätte ihm die Entscheidung zu bleiben oder zu gehen nicht selbst überlassen dürfen. Ich kniete mich zu ihm runter und fragte, ob ich ihn raustragen sollte oder ich ihm irgendwie helfen konnte. Er antworte ruhig und sachlich, und sein Blick wies keinerlei Anzeichen von Angst, Unbehagen oder Panik auf, was aber auch zu diesem Zeitpunkt noch nicht ungewöhnlich war. Ich beherrschte es eben einfach noch nicht, seine Mimik und seine Reaktionen zu verstehen.

»Ich muss sitzen. Ich bin kein Schalker.«

Jason nimmt vieles wörtlich, das durfte ich schon spüren, als ich ihm sagte, ich glaubte, ich stünde im Wald, oder er mir einen Bärendienst erwiesen hatte, und da alle Schalker nun aufstehen mussten, setzte er sich eben hin. Auf den Stehplätzen der Nord. Dann fiel das 2:1 für Schalke.

Nun muss dieser berühmte Funke übergesprungen sein. Neben der Nordkurve war nun auch der Rest des Stadions deutlich aktiver. Man konnte sich des Eindrucks nicht erwehren, dass man hierzulande durchaus noch der Meinung ist, die gegnerische Mannschaft vom eigenen Tor weg oder die eigene nach vorne brüllen zu können. Ich konnte von meinem Platz aus niemanden erkennen, der sich nicht der leidenschaftlichen Unterstützung der Mannschaft widmete. Nie zuvor erlebte ich Menschen, die den Fußball so leben, ihre Mannschaft so lieben und so mit dem Team leiden.

Ich schämte mich der Dinge, die ich zumindest über große Teile dieser Menschen zu Spielbeginn gedacht hatte. Diese Menschen haben etwas gefunden, was ihnen Samstag für Samstag mit Tausenden anderen gleichzeitig Freude bis zum Anschlag in die Körper pumpt.

Ich war neidisch und dankbar zugleich, denn auch Jason stand 90 Minuten emotional unter positivem Vollstrom. Das muss sehr anstrengend für ihn gewesen sein, aber da mein erstes Nachfragen, ob wir vielleicht gehen wollten, schon mit »Bist du irre?« kommentiert wurde, hakte ich nur noch ein oder zwei Mal pro Halbzeit und eben in der Sitzphase nach, ob es ihm gut gehe. Die Nordkurve imponierte ihm, und ich bin mir sicher, dass Jason sich unter klassischeren Voraussetzungen an diesem Tag entschieden hätte, Schalke-Fan zu werden.

Wurde er aber nicht. In der Halbzeit unterhielten wir uns kurz, die meiste Zeit brauchte er einfach für sich in einer stillen Ecke hinter der Nord, um ein wenig runterzukommen, um zu verarbeiten. Wir fixierten die ersten Regeln für unser Projekt.

Besucht werden müssen die Vereine der ersten drei Ligen, jeweils einmal zu Hause im eigenen Stadion. Finden wir dann keinen Verein, der als Lieblingsverein taugt, geht es in die vierte Liga – und danach eben in die fünfte Liga.

Nichts darf ein Ende haben. Das ist kein seltenes Problem. Der letzte Keks aus einer Packung, ein kleines Familienritual, welches mit einem Dreijährigen Sinn ergab, eine Tesafilmrolle, ein Bleistift. Es darf nichts komplett zu Ende gehen. Das letzte Stück Tesafilmrolle wird dann eben nicht benutzt und aufgehoben, das Familienritual läuft auch mit Achtjährigen, die neue Packung Kekse der gleichen Sorte und Marke musste eben gekauft werden, bevor der letzte Keks der alten Packung gegessen wurde, und Bleistifte spitzt man logischerweise nur bis zu einer gewissen Größe an und hebt sie dann in der Bleistiftsammelbox auf und benutzt einen neuen Bleistift. Und so durfte eben auch unsere Tour niemals enden, worauf ich ihm versprach, dass wir auch eine Lösung finden würden, wenn wir restlos alle Fußballvereine gesehen hatten und er sich trotzdem nicht würde entscheiden können. Die finale Klärung unseres Projekts. Diagnose Stadionsucht.

Kapitel 5

Die Diagnose und neue Spieleraufstellung

Bis zur Diagnose von Jasons Autismus vergingen ein paar Jahre, die wir so nahmen, wie sie kamen. Jason war unser erstes Kind. Da gibt es immer Momente, in denen man sich völlig unbegründet viel zu viel Sorgen macht. So empfanden wir das oft selbst, und auch von Verwandten und Bekannten bekamen wir häufig zu hören, wir sollten uns nicht zu viele Gedanken machen, denn früher hätten Kinder auch viel mehr Dreck gegessen, im Wald gespielt, sich mit Kumpels geprügelt und beim Fußball grundsätzlich noch barfuß gegen Eisenkugeln getreten. Im Rückblick gab es sicherlich mehr Momente, in denen wir zu sorgsam waren, es gab aber ebenso häufig Aussagen von anderen, die ohne jegliches Hintergrundwissen rund um unsere Situation getroffen wurden.

Trotzdem gab es vielleicht Momente, in denen wir aufmerksamer hätten sein können.

»Ihr Sohn integriert sich nicht.« »Ihr Sohn spielt

immer alleine. Eigentlich spielt er gar nicht. Er zählt lieber die Anzahl der Kinder mit roten Schuhen oder liest Dutzende Male die Autokennzeichen vor, die er durch die Scheibe auf dem Parkplatz erkennen kann.«

Man empfahl uns ein Gespräch bei einer Beratungsstelle der Caritas.

Die nette Dame bat meine Frau und mich zum Termin. Eigentlich nahmen wir diesen nur wahr, um unseren Kooperationswillen zu zeigen. Wir lebten damals noch in einem kleinen bayrischen Dorf. Ich hatte die abstruse Vermutung, dass man bei uns die Schuld für sein Verhalten suchte, und ahnte nicht im Geringsten, was mit Jason tatsächlich los war.

Er war gerade einmal drei Jahre alt und zu diesem Zeitpunkt unser eben etwas außergewöhnlicher Sohn.

Unsere Integration in die Dorfgemeinschaft verlief auch als gesamte Familie eher schleppend. Zugezogen, ausländisch klingender Name, die Frau nicht einmal in Deutschland geboren. Und bei kaum einem Dorffest unterstützten sie, zeigten Präsenz oder backten Kuchen für die Feuerwehr bei der Maibaumaufstellung. Die Straße kehrten sie auch nicht jeden Samstag vor elf Uhr, und der Vater war nie daheim.

Und sie orderten Brötchen beim Bäcker anstatt Semmeln. Kein Wunder, dass das Kind so verzogen war.

So lässt sich die damalige Stimmungslage wohl am besten beschreiben.

Wir gingen also nicht ganz vorurteilsfrei in das Gespräch hinein und befürchteten, in unserer Qualität als Eltern hinterfragt zu werden, was mir gleichzeitig unverschämt und doch logisch vorkam. Wer Jasons Ausraster im Supermarkt, in der S-Bahn oder im Wartezimmer mitbekam, stellte unsere Qualität zu Recht infrage.

Das Gespräch verlief dementsprechend. Meine Frau und ich sollten zunächst auf zwei ungewöhnlich weit voneinander entfernten Stühlen sitzen.

»Wir gehören zusammen und sitzen auch zusammen, wenn das für Sie in Ordnung ist«, stellten wir zu Beginn des Gesprächs klar.

Die Dame nickte, schwieg aber, während wir die Stühle zusammenschoben.

Wir mussten viel erzählen, mehr über uns als über Jason. Erst gegen Ende der Sitzung kamen wir auf Jason selbst zu sprechen.

Wir berichteten vom ersten Kindergarten, den Jason vor unserem Umzug nach Bayern besucht hatte. Die Gruppe war mit drei Erzieherinnen für 15 Kinder gut bestückt gewesen. Es war eine Integrationsgruppe, unser Sohn war zwar nicht der Anlass, profitierte aber von der außerordentlich großzügigen Besetzung.

Er sei für seine drei Jahre ein sehr cleveres, manchmal etwas seltsames, meist schüchternes Kerlchen, sagten sie immer. Während alle Kinder kritzelten oder mit Bauklötzen spielten, las er Buchstaben und Zahlen von Schildern, Broschüren, Zeitungen und Büchern vor oder sortierte Legosteine nach Farben und Formen.

Für uns war das nichts Ungewöhnliches. Schließlich waren schon sehr früh Zahlen, Zeichen und Symbole neben Aufzugfahren und Zügen und Bahnen seine Lieblingsthemen. Wir sind immer auf den großen Parkplätzen unterwegs gewesen, wenn wir spazieren gegangen sind. An jedem Auto mussten wir anhalten, und Jason hat uns das Nummernschild vorgelesen. Vielleicht war es ein Fehler von mir einzuführen, dass wir nach jedem korrekten Nummernschild seine Leistung gebührend mit einem Tänzchen und tosendem Applaus feierten. Aber wer weiß das schon, und es gab irgendwie nicht viele Momente, in denen Jason sich sichtbar so inbrünstig freute, wie wenn Papsi tanzte und Mami tosenden Applaus beisteuerte. Sichtbare Freude erforderte immer ein gewisses Maß an Aufwand.

Es war nicht immer ein Spaß, wenn wir es eilig hatten und der Parkplatz mit 30 und mehr Autos gut gefüllt war. Er ließ kein Kennzeichen aus, und es spielte keine Rolle mehr, ob wir beim Einkaufen waren oder eilig zum Arzt mussten. Alle Kennzeichen mussten gelesen werden. An einem Auto vorbeizugehen, ohne das Kennzeichen zu lesen, führte zu massiver Unzufriedenheit, die rational betrachtet abstruse Ausmaße annahm und in keinem Verhältnis zum Anlass stand. Wütendes Aufstampfen, Schreien oder sich einfach nicht mehr fortbewegen waren übliche Reaktionen, bei denen wir lernen mussten nachzugeben. Maßstäbe muss man im Zusammenleben mit Jason aber sowieso etwas differenzierter und doch stringenter und endgültiger betrachten. Heute wissen wir das.

Frau Schulz, die von der Caritas eingeschaltet wurde, schrieb fleißig mit, während wir erzählten. Ich erinnere mich gar nicht mehr, wie viele Sitzungen sie mit uns sprach, bevor sie darum bat, auch Jason einmal im Kindergarten besuchen zu dürfen. Letztendlich waren uns die Treffen mit der Zeit aber auch gleichgültig. Uns war klar, dass unser Sohn manchmal ein wenig außergewöhnlich war, aber wir waren guter Dinge, die Dame davon überzeugen zu können, dass wir unseren Sohn weder misshandelten noch dass er sich in der Obhut dieser multikulturellen Familie in Gefahr befand. Von Gespräch zu Gespräch fühlten wir uns unwohler, da den Eigenarten unseres Sohnes so viel Bedeutung beigemessen wurde. Es entstand ein Gefühl des Rechtfertigungsbedarfs, der uns unangenehm war. Wir wollten uns nicht für unseren Sohn rechtfertigen, denn wir sahen keinen Rechtfertigungsgrund. Wie gesagt, wir mussten viel lernen.

Es war das fünfte Treffen. Das Abschlussgespräch. Man bat uns explizit, etwas mehr Zeit mitzubringen. Uns hätte klar sein können, dass dies bei der stets detailliert vorbereiteten Dame bedeuten musste, dass es kein 08/15-Gespräch sein würde. Trotzdem stürzte ich relativ unvorbereitet zwischen zwei Terminen nach Hause, während meine Frau das halbfertig gekochte Mittagessen stehen ließ, um schnell mal rüber zum Termin zu fahren.

Frau Schulz sprach ungewohnt langsam und wählte ihre Worte mit Sorgfalt. Das tat sie eigentlich immer, aber man merkte, dass sie insbesondere zu Beginn des Gesprächs ganz besonders vorsichtig formulierte. Sie schilderte sachlich Jasons Stärken und Schwächen, es lief ziemlich genau so, wie ich es Wochen zuvor prognostiziert hatte. Wir erfuhren eigentlich nichts, was wir nicht schon wussten.

Ich hörte kaum noch hin, als sie den entscheidenden Satz sprach: »Liebe Frau und lieber Herr von Juterczenka, all diese Verhaltensauffälligkeiten, die Ihr Sohn aufweist, haben vermutlich einen Namen. Ich muss Sie darauf hinweisen, dass ich nicht dazu berechtigt bin, eine konkrete Diagnose zu erstellen, aber die Übereinstimmungen sind deutlich, und ich gehe daher davon aus, dass Ihr Sohn mit hoher Wahrscheinlichkeit unter dem Asperger-Syndrom leidet.«

Er sieht nicht sonderlich leidend aus, denke ich

heute, und nicht nur ich hasse diese Formulierung, die suggeriert, dass restlos alle Menschen mit Behinderung unter dieser leiden, und die nicht nur bei Menschen im Autismus-Spektrum völlig fehl am Platz ist.

Mein Sohn leidet nicht unter seinem Autismus. Jasons Autismus ist ein elementarer Bestandteil seiner Persönlichkeit, all seine Gedanken, all sein Handeln wird 24 Stunden am Tag, 7 Tage die Woche von seinem Autismus geprägt, und selbst wenn es einzelne Aspekte gibt, unter denen er leidet, dann ist dies nie allgemein gültig, etwas, was man ihm und auch anderen Autisten zur ganz eigenen Beurteilung zugestehen muss.

Das so dumm benannte »Leiden unter Asperger-Syndrom« war aber ehrlich gesagt gar nicht das Problem, als die Dame erstmals die Behinderung unseres Sohnes beim Namen nannte und der Raum schlagartig beherrscht wurde von einem sehr unbehaglichen Gefühl, weil jemand von etwas sprach, was man noch nie zuvor gehört hatte.

Syndrom klang erst einmal irgendwie bedrohlich, und die ganzen Wochen der Gespräche, Sitzungen und Beobachtungsrunden finalisierten sich eben in diesem einen Abschlussgespräch, für das irgendwie ein viel zu üppiger Rahmen geschaffen wurde. Wir waren junge Eltern, die mit einzelnen Verhaltensweisen des Sohnes manchmal schon überfordert genug waren. Wenn dir jemand bei deinem Kind, deinem eigen Fleisch und Blut, die Diagnose eines Syndroms übermittelt und mit den Worten abschließt, dass dies nicht heilbar ist, dann betrifft dich das so intensiv, dass es dich zunächst vollkommen aus der Bahn wirft. Meine Frau blickt noch heute oft zurück mit dem Gedanken, dass dies der bisher einzige Moment in ihrem Leben war, wo sie das Gefühl hatte, man zieht ihr den Boden unter den Füßen weg.

So hatten wir Schwierigkeiten, dem Rest des Gesprächs zu folgen, auch weil wir mit dem Sammelsurium an Fachbegriffen nichts anfangen konnten. Ich versuchte mich zu konzentrieren und irgendwie wieder in die Gesprächsspur zu geraten, als das erste Mal der Begriff Autismus fiel.

Nun war es um meine Aufmerksamkeit geschehen, und innerhalb weniger Sekunden war ich mir relativ sicher, dass es sich um einen Irrtum handeln musste. Jason pendelt nicht monoton mit dem Oberkörper vor und zurück, er schlägt seinen Kopf nicht gegen die Wand, eigentlich traf keines der Bilder zu, die oft von der Gesellschaft, Film und Fernsehen über Autisten geprägt werden. Ich erwähnte ja bereits, wir mussten viel lernen. All die ungewöhnlichen Eigenarten, die in der Beschreibung meines Sohnes ein typisches Anzeichen für eine Form von Autismus sein sollten, waren für uns eben nur etwas ungewöhnliche Verhaltensweisen. Über manche wunderten wir uns nicht einmal mehr, weil wir uns längst damit arrangiert hatten.

Ja, es gab seltsame Umwege, die wir jeden Morgen auf dem Weg zum Kindergarten gehen mussten. Immer um die dritte Laterne hinter der Brücke herum und dann die kleine vermeintliche Abkürzung durch die niedergetrampelten Gebüsche, die eigentlich als Wegbegrenzung dienen sollten, dann ein kurzer Blick in den verrosteten Mülleimer am Ende der Brücke, der rundherum von Holzlatten geschützt war.

Eine der Holzlatten fehlte. Jason beschwerte sich jeden Tag, dass niemand diesen Mülleimer wieder in Ordnung brachte. Das war ihm unbegreiflich. Es entsetzte ihn, warum Menschen so viele Holzlatten sauber gleichmäßig aneinanderreihten, um einen Mülleimer zu umschließen, und sich dann doch niemand daran störte, dass eine Holzlatte herausgebrochen war. Der Kindergartenweg war, wie viele andere Stationen des täglichen Ablaufs, unbewusst rituell gestaltet, und Abweichungen von diesen Routinen bekamen dem Sohn nicht sonderlich gut, aber wir kamen nicht im Geringsten auf die Idee, Autismus dahinter zu vermuten.

Frau Schulz entließ uns mit der Bitte, dies in Ruhe sacken zu lassen und für weitergehende Empfehlungen einen Facharzt aufzusuchen.

In den folgenden Tagen studierten wir im Netz die

Begriffe und die Bedeutung der potentiellen Diagnose, aber es fehlte an der Bereitschaft, Aussagen aufzunehmen. Aus dem Gespräch mit Frau Schulz blieb nicht viel haften. Es sei nicht heilbar, und der Verlauf und das Spektrum der Schwere seien breit gefächert. Niemand könne sagen, wie sich Jason entwickelt, es gäbe aber viele Asperger-Autisten, die ein annähernd normales Leben führten. Das allein war für uns schon schwierig, denn es bedeutete auch, sich erst einmal auf die gesellschaftliche Definition von Normalität einzulassen. Es gäbe aber auch Fälle von Erwachsenen, die große Schwierigkeiten hätten, sich in ihrem Umfeld zurechtzufinden, und ohne Hilfe nicht zurechtkämen, und die Schwierigkeiten hätten, einen Partner zu finden. Mein Sohn war keine vier Jahre alt, und die Dame stellte die Möglichkeit eines glücklichen Lebens infrage.

Unsere bisherigen Probleme waren schnell gelöst, denn eigentlich ist es ganz simpel. Hat dein Kind ein Problem, löst du es oder du unterstützt es mindestens so viel, wie notwendig ist, um mit dem Problem umgehen zu können. Das ist kein Hexenwerk. So handeln fast alle Papas und Mamas. Bei Jason ist der Problemlösungsprozess vielleicht manchmal abstrus, unkonventionell oder in Einzelfällen etwas mühsamer, manchmal häufen sich auch die Probleme viel zu schnell zu scheinbar nicht zu überwindbaren Bergen, doch selbst wenn kein Endgegner in Sicht ist – aus Liebe machst du sie alle platt.

Letztendlich wissen jede Mutter und jeder Vater selbst am besten, wie weit sie gehen würden, um ihrem Kind das Leben zu ermöglichen, welches es verdient hat. Das, was wir mit unserem Sohn bis dato erlebt haben, war unterm Strich Kinderkacke. Ich hoffe sehr, meine Ausführungen zu den Erlebnissen mit Jason erwecken bei niemandem den Eindruck, es wäre Mitleid vonnöten. Ist es nicht. Wir sind eine wahnsinnig glückliche Familie, die gefühlt manchmal zu viel leisten muss, um dieses Glück zu erhalten.

Und damit meine ich nicht nur die Kraft, die meine Frau aufbringen muss, die Geduld und das dicke Fell, das sich unsere 2011 geborene Tochter später dann zulegen musste. Nein, ich unterschätze auch nie die Leistung, die Jason selbst in unseren Verbund einbringt. Wir spüren tagtäglich, an wie vielen Ecken und Enden er noch Entwicklungsbedarf hat. Nicht immer aus unserer Sicht, aber aus Sicht der Menschen in unserem Umfeld. Da muss man auch klar trennen. Es gibt einerseits Verhaltensweisen, die wir bei unserem Sohn nicht dulden, wenn er zum Beispiel sich oder seine Schwester in konkrete Gefahr bringt oder wenn sein Verhalten anderen ein sehr starkes Unwohlsein vermittelt. Die Grenzen bei Letzterem sind allerdings subjektiv gesetzt.

Dann gibt es aber auch Verhaltensweisen, die wir entweder tatsächlich nicht für verbesserungswürdig halten oder wo uns der Aufwand, den er und wir zu leisten haben, nicht in einem gesunden Verhältnis zum tatsächlichen Nutzen zu stehen scheinen. Und manchmal halten wir es auch einfach für richtig, ihn selbst feststellen zu lassen, welche Konsequenzen sein Verhalten hat.

Popeln ist vielleicht ein Beispiel. Er popelt noch heute in der Öffentlichkeit. Okay, das machen viele Kinder, aber nicht so wie er. Jason unternimmt mit seinem Finger mehrminütige Reisen entlang der Nasenscheidewand mit einem erstaunlich hohen Maß an Begeisterung. Es ist kein verschämtes Zur-Seite-Drehen, um heimlich diesen wirklich intensiv störenden Popel schnell und diskret verschwinden zu lassen. Es ist eher exhibitionistisches Popeln. Offensiv zur Schau stellend. Inklusive stolzer Präsentation des finalen Funds.

Der Versuch, diesen Vorgang zu unterbinden, hat mehrfach für heftige Eskalationen gesorgt. Auf Schulfesten oder auf dem Geburtstag von Tante Erna. Daher lassen wir ihn popeln. Immer mit einem einmaligen Hinweis, dass dies störend und abstoßend für sein Umfeld ist. Ja, der eine oder andere betrachtet uns als Eltern, die den Laissez-faire-Stil fehlinterpretiert haben. Wir lassen ihn. Mit drei oder vier hat es der

Mitfahrgast oder Supermarkt-Mitbesucher noch als niedlich empfunden, wenn er seine kleinen süßen Fingerchen in sein stupsiges Näschen gesteckt hat. Dem ist nicht mehr so. Das sind keine kleinen süßen Fingerchen mehr.

Ich habe es intern als das Ende der »Ein-Finger-Phase« abgespeichert. Ich unterteile Zeitphasen anhand von Erlebnissen mit unserem Sohn.

Die Zeit, in der die Hand meines Sohnes ganz sanft nur einen meiner Finger umfassen konnte, war diese »Ein-Finger-Phase«. Die Zeit, als das Windelnwechseln noch Spaß gemacht hat, weil der Kleine ein Scheißerchen gemacht hat. Windelnwechseln als Streitpunkt in Beziehungen konnten wir uns zu Beginn unserer Elternschaft nicht vorstellen. Es war eine der schöneren Tätigkeiten, als Jason noch klein war. Als er dann zweieinhalb war, sah dies schon anders aus. Jasons Ernährungsstil hatte sich drastisch verändert. Dies machte sich auch nach Beendigung des Verdauungsprozesses deutlich bemerkbar. Niemand wollte mehr gerne Windeln wechseln. Es war keine schnuckelige, niedliche Tätigkeit mehr. Jetzt war es der knallharte Drecksjob, den einer machen musste. Das hat so widerlich gestunken, dass es wirklich Phasen gab, wo ich dachte, erbrechen zu müssen, wenn ich meinem Sohn den Hintern säuberte.

In der »Ein-Finger-Phase« wurde noch nicht gelaufen, gelegentlich wurde gekrabbelt, aber nie vorwärts, immer rückwärts. Meistens lag Jason einfach nur rum und tat nichts. Rückblickend betrachtet irgendwie auch ein verdammt attraktives Alter. Da passierte nicht viel. Ein bisschen brabbeln, ein wenig sabbern und viel schreien. Unangenehmes Schreien. Unangenehm bezüglich Lautstärke und Zeitpunkt. Babys sind nämlich in der zehnten Nacht am Stück, in der von zwei Uhr bis sieben Uhr halbstündig geschrien wird, plötzlich gar nicht mehr so süß und drollig. Aber es war eben die Ein-Finger-Phase. Ganz sanft hat er sich an meiner Hand festgehalten, und ich wippte sein kleines Ärmchen hoch und runter, was ihn wiederum so erfreute, dass er sabberte und einschlief.

Er ist nun elf Jahre und hat an Leidenschaft und Tiefe in seinen Popel-Skills noch zugelegt. Früher oder später wird er merken, wie befremdend dies für andere Menschen ist. Das realisiert er von alleine. Vielleicht ein wenig später als der Durchschnitt, aber wir sehen das sehr entspannt. Spätestens wenn er 16 oder 17 ist, löst sein direktes außerfamiliäres Umfeld das Popelproblem. Aber zu den verschiedenen Problembeseitigungsstrategien kommen wir noch.

Es dauerte einige Tage, bis wir uns einen Überblick über das Asperger-Syndrom verschafft hatten und uns entschlossen, der Empfehlung der Caritas zu folgen und um einen Termin zur Diagnose in einem renommierten Münchener Klinikum zu bitten. Die sechs Monate bis zur finalen Feststellung vergingen schnell, und wir fanden uns eigentlich auch ohne ärztliche Bestätigung schon vorab mit der plausiblen Diagnose von Frau Schulz ab. Je mehr wir uns mit der Thematik beschäftigten, umso mehr wurden jegliche Zweifel ausgeräumt und umso öfter blickten wir verwundert drein, wenn wir Erfahrungsberichte und Erlebnisse von anderen Autisten oder Eltern mit autistischen Kindern lasen. Wir erkannten doch mehr Situationen, als wir ursprünglich vermuteten. Unser Sohn ist Asperger-Autist.

Meine Frau war die Erste, die die Gesamtsituation in einen Bezugsrahmen packte und eine konkrete Herangehensweise vorschlug. Das war ihre Stärke. Ohne Rücksicht auf ihre eigenen Bedürfnisse und Kraftreserven die Probleme unseres Sohnes lösen. Das hatte sie die drei Jahre zuvor schon getan, mit nie enden wollender Ruhe und Beharrlichkeit.

»Eigentlich wird sich nichts ändern«, sagte sie. »Wir werden ihn so dermaßen mit Liebe aufpumpen, dass er alle Herausforderungen des Lebens meistern wird.«

Sie fand schon immer die besten Worte. Als Jason geboren wurde, entdeckten wir nach dem ersten Waschen ein leichtes Zusammenwachsen zweier Zehen. Meine Frau analysierte recht nüchtern, dass ihr das ziemlich egal sei und sie auch diese furchtbar dünnen

Beinchen nicht schocken könnten. Sie sprach mit dem kleinen Wurm in ihrem Arm und sagte ihm, dass sie nicht wüsste, ob sie eine gute Mutter sei, und warnte den einige Minuten alten Sohn, dass sie Fehler machen werde. Sie wüsste auch nicht, wie das alles funktionieren würde in Zukunft.

»Aber du kannst dir sicher sein: Ich werde dich lieben. Mit allem, was ich habe.«

Nichts würde sich ändern, so meinte sie auch nach der Diagnose. Sie würde ihn weiter lieben, mit allem, was sie habe, und eben mit allem, was er habe. Jetzt eben mit noch größerer Hingabe, Liebe und Aufmerksamkeit. Ich erinnere mich sehr gut an diesen Moment, weil es der erste Moment war, in dem ich wieder Mut fasste. Meine Frau strotzte vor Kraft, als sie ihren Standpunkt und ihre Herangehensweise leidenschaftlich vertrat, und ich fühlte mich schwach in Anbetracht ihres Optimismus und ihres unbändigen Willens, gepaart mit meiner Ahnungslosigkeit und der mangelnden Zeit, die ich ihr und meinem Sohn widmete.

Die Bestätigung des Klinikums folgte zügig, überraschte uns aber auch nicht mehr. Mittlerweile stellte sich lediglich die Frage, wie wir mit unserem Umfeld umgehen würden, und weniger die Frage, wie wir als Familie miteinander leben und handeln würden. Was sagen wir den Menschen, die Jason nahestehen?

Müssen wir überhaupt etwas sagen? Müssen wir unsere persönlichen Rahmenbedingungen anpassen? Wohnen wir geografisch sinnvoll, in Bezug auf Förderungsmaßnahmen, Schulmöglichkeiten und Unterstützung aus der engeren Verwandtschaft? Kann ich mir diesen zeitintensiven Job leisten oder muss ich es finanziell bedingt sogar?

Wir drehten jeden Stein unseres Alltags um und überprüften, was den Sohn belastete, was ihn zu Recht forderte und auch förderte, was ihm Freude bereitete und was er brauchte, um sich wohlzufühlen, und zogen daraus unsere Handlungsrückschlüsse.

Die einschneidenden Entscheidungen waren sicherlich damals ein schneller Umzug in die Nähe meiner Eltern. Wir brauchten konkrete, manchmal auch recht simple Unterstützung, die uns aktuell in Bayern niemand geben konnte. Außerdem hatte Jason sehr früh eine intensive Beziehung zu seiner Oma und seinem Opa aufgebaut. Es gab sicherlich lange Zeiträume, wo Jason ihnen näher war als ich ihm, und noch heute ist die Bindung zu meinen Eltern robust und von einer tiefen Loyalität und Zuneigung geprägt.

Einhergehend mit dem Umzug entschieden wir, dass meine Frau zunächst einmal nicht mehr arbeiten gehen sollte, um sich ausschließlich um die Belange des Sohnes kümmern zu können. Es galt einen Integrationsplatz im Kindergarten zu finden, Therapiemöglichkeiten zu erörtern und einen Haufen Papier-kram zu erledigen. Wir waren schon früh der festen Überzeugung, dass das Beste, was unserem Sohn passieren kann, Zeit ist, die wir uns für ihn nehmen. Es galt also, das Maximum an Zeit rauszuholen. Das stimmte aber nicht überein mit meinem Job, und das Geld reichte ja meistens sowieso nicht. Ob mit einem zweiten Gehalt oder ohne. Wir wussten nicht, wie lange wir das so schaffen konnten, aber es galt in jedem Fall, für Jason die riesige Veränderung eines Umzuges erträglich zu gestalten. Vielleicht sind unsere Touren in ihrem gesamten Wahnsinn zu Beginn auch von meinem schlechten Gewissen »finanziert« worden, in den ersten Jahren quasi gar nicht für meinen Sohn da gewesen zu sein.

Wir haben uns nach unserem Umzug nach Nordhessen dafür entschieden, die Behinderung unseres Sohnes zunächst diskret zu behandeln. Es gibt keine Grundregeln für den Umgang damit, wobei viele Autisten selbst wohl auch mit sehr offensivem Umgang gute Erfahrung gesammelt haben, da wie gesagt die wenigsten mit ihrem Autismus ein größeres Problem haben. Probleme bereiten nur das Unverständnis und die Rücksichtslosigkeit von Teilen der Gesellschaft.

Wir wollten jegliche Form von Stigmatisierung oder unbewusster Verhaltensänderung bei Menschen, die ihm nahestehen, verhindern und haben uns daher zunächst für diesen Weg entschieden. Zumal alle diese Menschen sein Verhalten kannten und es nicht mit einer Behinderung verbanden.

Ich bin nicht stolz darauf, aber lange vor der Diagnose war ich eigentlich sogar der Erste, der kurzzeitig dachte, dass mit meinem Sohn etwas nicht stimmte, etwas an ihm mehr als nur ein wenig ungewöhnlich war. Ich war verwundert über seine Art, Freude oder positive Aufregung auszudrücken.

Bewusst aufgefallen ist es mir das erste Mal, als er zwei Jahre alt war. Wir bauten die Holzeisenbahn zusammen auf, als er immer mal wieder die Augen zusammenkniff, während er gleichzeitig recht verkrampft beide Unterarme zueinanderführte, seine Hände wie zum Gebet faltete und leicht, aber zügig vor und zurück wippte. Während es so aussah, als würde er seinen Körper in sich hineinpressen wollen, hatte man das Gefühl, er platze jede Sekunde vor Freude.

Ich erschrak, als ich dies das erste Mal sah, gewöhnte mich aber auch daran, zumal ich gerade in puncto Anspannung oder Freude auch bei anderen Kindern sah, wie unterschiedlich sich dies ausdrücken kann, und mir Jason auf Nachfrage bestätigte, dass es ihm ganz prima gehe und er sich eben darüber freue, wie die Eisenbahn durch einen Tunnel fährt.

Alle Auffälligkeiten, die danach bis zur Diagnose auftraten, waren für uns keine Auffälligkeiten, sondern Bestandteil der Entwicklung unseres Sohnes. Es war ja auch das erste Kind. Da hält man viele Dinge für normal.

Und nun saßen wir da im Klinikum, und der Doktor verlas seinen Bericht wie die Rezension eines unterdurchschnittlichen Black-Metal-Albums. Von dem Moment an fühlten wir uns noch mehr alleingelassen, als es die Monate zuvor schon der Fall gewesen war. Wir bekamen ein paar Adressen, ein paar Empfehlungen und die Information, sich daran gewöhnen zu müssen, dass das Kind eben behindert ist. Unser Bohren und Nachhaken traf auf wenig Verständnis, und man teilte uns mit, dass mit einer Förderschulkarriere zu rechnen sei und dass Jason wegen seiner Behinderung viele Dinge einfach nicht schaffen wird. Gegen diese Aussage kämpfen wir – gemeinsam als Familie. In allen Bereichen, wo unser Sohn das für notwendig erachtet.

Kapitel 6

Dortmund –
Manndeckung auf der Süd

Es gibt wirklich eine Menge völlig banaler Dinge, an denen Jason scheitern kann. Es gibt aber auch nichts, was Jason nicht schafft, wenn er es sich selbst ausdrücklich zum Ziel setzt. Es ist erstaunlich. Manchmal sind es vielleicht nur Projekte oder Phasen von einigen Wochen oder Monaten, aber wenn er sich ein realistisches und durchaus ambitioniertes Ziel gesteckt hat, dann ist er hartnäckig, fleißig, völlig fokussiert und zielstrebig. Er ist in der Lage, mehrere Stunden pro Tag über Wochen hinweg in eines seiner Projekte zu stecken.

Diese selbstständigen Zeiten sind sehr frisch und neu, noch selten, aber wertvoll.

Jasons Tagesablauf ist Tag für Tag durchgeplant. Er wird geweckt. Er wird noch einmal geweckt. Er wird erneut geweckt, und dann erwartet der Herr jemanden im Bad zum Zähneputzen, und nach dem gemeinsamen Waschen muss der Tee auf dem Frühstückstisch stehen. Dieser darf aber auch nicht mehr zu heiß sein, deswegen passt es eigentlich ganz gut, dass Mami früh genug aufstehen muss, um ihm die Garderobe in der Anziehreihenfolge herauszulegen und alle weiteren notwendigen Vorarbeiten für einen entspannten Morgen zu treffen. Mama taktet dann während des Teegenusses minutiös ein, wann er sich die Schuhe anziehen muss, hilft ihm beim Knöpfen von Hose und Hemd, kämmt ihn, prüft seinen Schulranzen und schickt ihn entsprechend zeitig los, dass sein Platz an der Bushaltestelle nicht von anderen belegt ist. Wenn er heimkommt, ist das Essen fertig, und es werden Hausaufgaben gemacht. Dann kommt eine Phase bis circa 19.00 Uhr, die sich nicht genauer definieren lässt.

Jasons Tagesablauf war früher von unterschiedlichen Therapieformen bestimmt. Nachdem wir damals nach der Diagnose zunächst allen gängigen Fördermaßnahmen zustimmten, war die Woche schnell üppig gefüllt. Logopädie, Ergotherapie, Gruppentherapie und Termine mit Jugend- und Sozialamt füllten diese Zeitfenster – aber alles mit überschaubarem Erfolg. Zu Zeiten der Ergotherapie ist es gelungen, Jasons Feinmotorik zu verbessern. Er hatte große Probleme zu schreiben, weil er eine recht ungewöhnliche Stifthaltung pflegte und sich zudem extrem verkrampfte. Nachdem sich dieses Problem gelegt hatte, hatte Jason aber keine Lust mehr auf Ergotherapie. Es war nicht so, dass es motorisch nichts zu verbessern gäbe, aber sowohl der Sohn selbst als auch meine Frau und ich waren überzeugt, dass die Zeit auch anderweitig gut genutzt werden könnte. Wir wollten nicht, dass unser Sohn sich tagtäglich nachmittags mit seinen Schwächen beschäftigte, ohne dass seine Stärken gefördert würden. Lediglich die regelmäßige Stunde im Autismus-Therapieinstitut ist bis heute geblieben, als fixer und enorm wichtiger Bestandteil für Jason, aber auch für uns, die wir uns immer wieder professionell beraten lassen können, ob wir mit der Art und Weise, wie wir unseren Sohn erziehen, auf dem richtigen Weg sind. Den Rest der Woche füllt er mit Unternehmungen und Terminen, die ihn interessieren. Er kümmert sich um die Recherche für seinen Blog, besucht das Forschungszentrum in der Stadt oder liest ein Buch.

Wir überschreiten durchaus mal Grenzen, wenn wir als Familie der Meinung sind, dass dies, manchmal auch nur um des lieben Friedens willen, notwendig ist. Wir sind zu müde, um aus banalen Situationen des Alltags ständig eine Eskalation herbeizuführen. Wenn Jason im Rahmen eines Overloads schreit, eher schon kreischt, aufstampft, derbe flucht, dann ist das nicht mit einem Wutausbruch zu vergleichen, den Kinder haben aus dem Bedürfnis heraus, etwas haben zu wollen oder zu dürfen. Jason hat sehr selten Wutausbrüche dieser Art und ist auch nicht von materia-listischen Bedürfnissen geprägt.

Wenn er mal etwas haben möchte, dann begründet er dies logisch, und er bekommt eine saubere Begründung, unter welchen Bedingungen das möglich ist oder warum eben nicht. Ich kann mich nicht erinnern, dass es unter den genannten Voraussetzungen jemals zu größeren Schwierigkeiten kam, unsere Entscheidung zu akzeptieren. Das mochte daran liegen, dass seine Wünsche oft gut argumentiert und bis auf unsere Touren nicht sehr kostenintensiv waren und wir sie demnach erfüllen konnten. Er akzeptiert aber auch mehrfach am Tag, dass wir seinen Wünschen nicht gerecht werden können, und kann dann durchaus nervig oder sauer sein, aber es sind nicht die eingangs lapidar als Ausraster dargestellten Erlebnisse, die wir vermeiden möchten. Wir möchten ihm helfen, dass er lernt, mit Overloads umzugehen, mit Gewusel, sich überschneidenden Geräuschquellen, Ungerechtigkeiten, Gerüchen. Für nichtautistische Menschen völlig banale Alltagssituationen und Erlebnisse können für Jason ähnlich wie bei einem Computerabsturz dazu führen, dass ganz plötzlich und unerwartet erst einmal nichts mehr geht. Nach ausreichender Erholung – Overloads sind für Autisten selbst um ein Vielfaches anstrengender als die Auswirkungen eines Overloads für die Menschen, die diesen nur aus der Außenansicht erleben – versuchen wir später Muster in den Auslösern zu erkennen, damit wir diese zukünftig vermeiden können, oder versuchen mit Jason gemeinsam eine Reboot-Strategie zu entwickeln, Rückzugsmöglichkeiten zu schaffen und prüfen auch rigoros die gesellschaftliche Notwendigkeit einer möglichen Ursache. Oftmals entstehen für Jason Overloads aus der Situation der gefühlten Bedrängnis. Dann ist ihm sein Handeln egal, wobei es wohl eher so ist, dass sein Gehirn da nicht mehr in der Lage ist, das in irgendeiner Form zu bewerten, sondern nur noch im Notfallmodus Schutzmaßnahmen einleitet.

Er erklärte mir dies oft anhand von alltäglichen Situationen, zum Beispiel wie er in der Schule geschlagen wurde oder sie ihn auf der Treppe wegdrängelten. Dann tritt oder schlägt er auch schon einmal um sich.

Oftmals lassen sich die Geschehnisse sauber nachbereiten, und es stellt sich heraus, dass Jason nicht unbedingt das gezielte Opfer einer Attacke wurde, sondern Schüler sich eben durchaus mal berühren, wenn 30 von ihnen aus dem Klassenraum stürzen, um ihre Jacken vom Garderobenhaken zu holen, sich anziehen und zum Bus rennen.

Berührung in dieser unerwarteten, unvorbereiteten Form ist ein Problem, da Jason es als gezielten Angriff auf sich wahrnimmt. Auf Treppen schubst Jason schnell zurück, nur weil ihn jemand im Vorbeigehen streift. Er kann mir sehr genau schildern, dass er sich der Gefahr für den Mitschüler bewusst ist, er in der Sekunde aber zurückschubsen muss. Das geschieht intuitiv, ohne darüber nachzudenken.

Enge war für ihn schon immer eine der größeren Bedrohungen, und er definierte dies schon sehr zeitig für sich selbst. Er verkrümelte sich sogar auf seiner ersten eigenen Geburtstagsparty, die wir damals organisierten. Es waren mit vier Gästen einfach zu viele Kinder, die in seinem Zimmer spielten, während der Gastgeber absolut hochzufrieden seine eigene Party im Wohnzimmer feierte.

Wir haben früh versucht, Jason zu vermitteln, wie er sich selbstständig vor den Situationen, die zur Eskalation beitragen, schützen kann. Erfolg ist diesbezüglich relativ. Nicht selten kam er im Winter ohne Jacke nach Hause, was nicht damit zusammenhing, dass er sie vergessen hatte anzuziehen, sondern wohl eher dem Umstand geschuldet war, dass er ein wenig Frieren dem Körperkontakt zu Fremden vorzog. Dieser Gefahr war er in der Hektik des Schulschlusses an der Garderobe ausgesetzt. Jasons Leben besteht in vielen Bereichen aus Vermeidungsstrategien.

Und dann gibt es immer wieder die Momente, in denen er entscheidet, eine klare Marschroute vorgibt, die eigentlich keinen Sinn ergibt.

»Papa, wenn wir nach Dortmund fahren, möchte ich auf die Süd.«

Da standen wir nun auf der Südtribüne im Dortmunder Westfalenstadion mit 25000 fremden Menschen auf engstem Raum. Furzte mein Vordermann, konnte ich den warmen Luftzug spüren, und mir gelang es nicht, den für Jason erforderlichen Abstand zu den gefühlt viel zu vielen Menschen auf viel zu engem Raum sicherzustellen. Vielleicht ging es nur mir so, weil ich dort ein Fremder war oder mir das notwendige Maß an Emotionalität zum BVB fehlte, aber es war tatsächlich einfach nur eine äußerst unangenehme Situation, sodass schon wenige Sekunden nach Einnahme unserer Stehplätze klar war, dass selbst für den mittlerweile erfahrenen Stadiongänger Jason der hart erkämpfte Platz nicht zu halten war.

Der Ordner schickte uns in eine Menge von Menschen, in der es nicht nur sichtlich keinen weiteren Platz gab, sondern meines Erachtens jetzt schon viel zu eng zusammengepfercht wurde. Es war uns zwischenzeitlich wirklich schwer begreiflich, warum man für dieses Erlebnis noch Geld bezahlen sollte, andererseits gefiel mir der Gedanke, dass es auch zu eng für das Benutzen der Klatschpappe war.

Eine Dauerkarte für die Süd würde ich aber wohl trotzdem nicht geschenkt nehmen, was unproblematisch ist, denn hier sind wir als neutrale Beobachter auch eher ungern gesehene Gäste. Wir standen nur circa einen Meter von genügend Freiraum entfernt, und ich verstand nicht, was die ganzen an mir klebenden Menschen davon abhielt, sich in die freie Fläche zu stellen. Als ich versuchte, Jason dort zu platzieren und mich neben ihn zu hocken, wurde ich von besagtem Ordner sachlich barsch gebeten, mit meinem Sohn zurück in den Pulk zu gehen, denn dies sei die Sicherheitszone und kein Stehplatzbereich. Ich verstand das Problem nicht, wobei man ehrlicherweise wohl sagen muss, dass ich es nicht verstehen wollte.

Natürlich müssen in dieser außergewöhnlichen Konstellation auf Europas größter Stehplatztribüne Sicherheitsregeln sehr genau eingehalten werden. Nicht auszudenken, wenn in so einer Menschenmasse mal eine Panik entsteht! Ich muss heute oft lachen, wenn ich die Randdiskussionen zum Fußball in den Medien verfolge und Forderungen lese, Fans von Borussia Dortmund sollten sich viel mehr zur Wehr setzen, wenn diskriminierende Plakate jenseits der Satire hochgehalten werden. Hier müsse man eingreifen, den Bannerhalter zur Rede stellen und ihn der Tribüne verweisen. Menschen, die dies während eines Spiels des BVB in der Südtribüne für realistisch erachten, müssen im Rahmen ihrer Recherche andere Plätze erhalten haben als wir. Ich konnte meine eigenen Füße nicht sehen und war nicht in der Lage, mich umzudrehen, um herauszufinden, wer mir so erotisch in den Nacken atmete. Nicht einen einzigen Bannerinhalt konnte ich lesen, und es gab weitaus noch Plätze mit schlechterem Blickwinkel.

Ich wollte nicht in die Menge zurück, und der Ordner, der einfach nur einen guten Job machte, regte mich auf. Bis zur Absperrung war noch ein ganzer Meter Platz, und ich wollte uns nur einen zumutbaren Standort organisieren. Wie gemütlich der Herr sich innerhalb seiner circa zwölf Quadratmeter großen Sicherheitszone frei bewegte und dann versuchte, mich zurück auf meinen schuhkartongroßen Stehplatz zu dirigieren, amüsierte und frustrierte mich zugleich. Ich überlegte kurz, wer von uns beiden gerade Geld bezahlt hatte und wer gerade Geld bekam, was natürlich ein völlig schwachsinniger Blickwinkel ist, aber ich wusste nicht so richtig, wohin mit meiner Unzufriedenheit. Nach längerer Diskussion, in der ich ihm ausgiebig mein Leid klagte und er als Lösung vorschlug, das Stadion zu verlassen, gab ich nach, weil er im Gegenzug Jason in ebendiesem Freiraum-Bereich einen Stehplatz in der Ecke des zwölf Quadratmeter großen Rechtecks am Geländer anbot. Damit konnte ich leben und Jason ebenfalls, auch wenn das in dieser Phase unserer Touren das erste Mal war, dass wir das Spiel größtenteils getrennt voneinander verfolgten.

Meine Sorge war jedoch vollkommen unbegründet. Jason genoss das Spiel mit bester Sicht, auf seine eigene Art. Das sah bei ihm gänzlich anders aus als bei den anderen 25 000, aber mich haut das immer noch aus den Socken. Hätte der Ordner kein Einsehen gehabt und dem Sohn nicht mehr Freiraum im Sicherheitsbereich zugestanden, dann wäre die Situation sicher eskaliert. Das Stadion zu verlassen stellte für Jason niemals eine Option dar, er hätte also versucht, sich etwas Platz frei zu schubsen, oder mich aufgefordert, die anderen Menschen zum Verlassen des Stadions zu drängen. In Momenten der Eskalation nimmt er wenig Rücksicht darauf, ob sein Gegenüber 75 Kilogramm schwerer und einen halben Meter größer ist. Er registriert eine physische Überlegenheit des Gegenübers gar nicht, oder sie ist ihm einfach egal.

Er kann dann gar nicht anders, ich habe auch schon versucht, ihm ruhig und sachlich zu erklären, dass es auch schnell zu körperlichen Auseinandersetzungen kommen kann, wenn man in Menschenmengen anfängt zu schubsen und zu treten, aber er entgegnete nur, dass das Gefühl, richtig verprügelt zu werden, nicht schlimmer sein könne als das Gefühl, in der Menge so eingequetscht zu sein. Seinen jetzigen Stehplatz mochte er sehr.

Durch die enorme Steigung der Südtribüne hatte man auch von weiter oben einen relativ guten Blick aufs Spielgeschehen, und die Atemgeräusche meines Hintermannes sowie die kollektiven »Uuuuuuhs« und »Aaaaaahs« der zumindest an diesem Tag gar nicht so einheitlich stimmgewaltigen Südtribüne untermalten den abwechslungsreichen Spielverlauf auf angenehme Art und Weise. Während der Sohn seinen Freiraum genoss, machten also auch mir das Spiel und das Verhalten der Dortmunder Fans zunehmend Spaß.

Ja, der Hurensohn-Zähler schlug in der ersten Halbzeit vermutlich ein halbes dutzend Mal aus, aber erstaunlicherweise galt der Ruf nur ein einziges Mal dem werten Herrn Geldgeber des heutigen Gegners, der TSG 1899 Hoffenheim. Das macht es auch nicht besser, aber ich war über die Hurensohn-Adressaten doch sehr überrascht. Spieler des Gegners? Ein Hurensohn. Der Bierverkäufer? Ein Hurensohn. Der Schiedsrichter? Ein Hurensohn. Der eigene Spieler? Ein Hurensohn. Ich konnte das in der Häufigkeit gar nicht mehr vollständig verarbeiten, weil der inflationäre Gebrauch gegen die doch recht offen gehaltene Zielgruppe massiv an Härte zunahm.

Trotzdem mochte ich die rohe Art und Weise, wie dort Fußball konsumiert wurde. Es ist nicht dieses Gefühl, welches wir oft in Stadien haben, dass dort eine Gruppe Menschen steht, die unterhalten werden möchte. Die wenigsten interessierten sich für das klassische Drumherum des Fußballs mit all dem Stumpf-

sinn aus teils unsinnigen Statistiken und boulevardes-
ken Hintergrundinformationen über den Sojagehalt
der Kaffeespezialität diverser Spielerfrauen. Die waren
zum allergrößten Teil auch nicht da, um sich selbst zu
feiern, weil sie so geile, echte Fans waren.

Für die um uns herumstehenden Menschen gab es
kaum ein Fußballspiel ihres Teams außerhalb des Re-
levanz-Radars. Wir durften im Rahmen unserer Aus-
flüge ja schon den ein oder anderen Fan des BVB kennenlernen, und man spürte auch hier wieder, dass das
Ergebnis dieses Spiels bei nahezu allen Menschen, die
in meiner Nähe standen, die Stimmungslage noch weit
über das Spielende hinaus beeinflussen würde.

Hier auf der Süd wirkte Fußball so essenziell, wie
wir es zuvor nur auf Schalke erlebten.

Vielleicht war es ein wenig der Tabellensituation
und der Vorgeschichte des BVB geschuldet, aber die
erste Viertelstunde konnte man in der Kurve spüren,
wie sich aus mitfiebernder Anspannung eine enthusi-
astische Unterstützung entlud, um kurze Zeit später
wieder in verzweifelte Lethargie zu verfallen, bis das
Team wieder trotzig-lautstark unterstützt wurde. Man
konnte in jedem einzelnen Gesicht sehen, wie ernst er
oder sie diese Liebe zum Verein nahm. Da spielte kei-
ner nebenbei mit dem Handy Candy Crash oder beobachtete, was um ihn herum passierte, und man hatte
in der ersten Minute der zweiten Halbzeit keinen

Millimeter mehr Platz, nur weil vielleicht noch ein kleiner Teil des Blocks an einem Bier- oder Wurststand festhing. Ich habe auch niemanden gesehen, der vor Spielende das Stadion verließ, zumindest niemanden, bei dem ich nicht ausschließen konnte, dass der gleich mit Bier bepackt wieder zurückkehrte.

Das war schon ziemlich beeindruckend, denn selbst für mich ganz persönlich, als Fremder im Block der Heimfans, fühlt sich das Erlebnis Live-Fußball zweier gut aufgestellter Wirtschaftsunternehmen mit fußballromantischen Wurzeln auf Schalke oder in Dortmund schon sehr speziell an.

Mir geht es hier weniger um Lautstärke, Kreativität der Fangesänge oder um die Anzahl an geschwenkten Fahnen, und ehrlich gesagt glaube ich auch nicht, dass man das insgesamt angemessen und nachvollziehbar beschreiben kann, wenn man es nicht selbst miterlebt hat. Ich muss wohl davon ausgehen, dass zumindest große Teile dieses Mythos BVB eben gar keinem Mythos entspringen, sondern seinen ganz natürlichen Ursprung eben auch bei diesen Menschen auf der Süd findet.

Trotz der Hurensohn-Schreier war das ein ziemlich imposantes Erlebnis, und dies war nicht der Masse an Menschen auf viel zu kleinem Raum geschuldet, sondern der Stimmung, die sie unabhängig von der Lautstärke verbreiteten. Anspannung und Nervosität folgte befreiender Jubel. Hadern begleitete Zittern, und am Ende jubelten doch wieder alle und lagen sich in den Armen.

Ganz respektvoll möchte ich erinnern: Es handelte sich um einen Heimsieg gegen die TSG Hoffenheim. Ich finde das wunderbar. Ich wünsche den Menschen dort auf jeden Fall, dass sie auch in vielen Jahren ihren BVB noch so voll überwiegender Freude genießen können, wie sie es an jenem Abend taten, und dass sie den Zusammenhalt, diese Euphorie, diese Konsequenz und Leidenschaft auch an den Tag legen, wenn rechtsradikale Fangruppen versuchen, sich die Deutungshoheit über die Süd zu sichern und für ihre niederträchtigen Zwecke zu instrumentalisieren.

Das Ergebnis war mir schlussendlich egal, und meinen Adrenalinschub sollte ich sowieso nicht vom Platz aus bekommen, denn nach dem Spiel war ja dann endlich auch Zeit, mit Jason über das Spiel zu sprechen, der es ähnlich im Tunnel wahrnahm wie die anderen 25 000.

»Papsi, das war großartig. Mein Herz ist mitgehüpft, als alle gehüpft sind. Das war toll!«

Puh, BVB-Fan? Ja, natürlich gibt es Schlimmeres, aber auf ein so abruptes Ende unserer Suche nach einem Lieblingsteam für den Sohn war ich nicht vorbereitet, und Dortmund bedeutete ja auch Reisen nach Donezk, Istanbul oder Porto, und das an einem Mittwochabend, denn die weitere Verfahrensweise nach Findung eines Vereins war mittlerweile ja auch geklärt. Mindestens eine Vierunddreißiger-Saison *(Glossar 21)* sollte es werden, internationale Auswärtsreisen müssten folgen, und das Vorbereitungstrainingslager sollte dann erkundet werden, nachdem die Historie des Vereins sauber bis zu ihrer Gründung zurückverfolgt wurde. Als eher kontraproduktiv erachtete ich plötzlich, dass der Sohn schon wenige Wochen vor dem Spiel die Geschichte rund um die Gründung der Borussia aus Dortmund über den Dokumentarfilm *Am Borsigplatz geboren – Franz Jacobi und die Wiege des BVB* vermittelt bekam. Mamis Vorliebe für die Schwarz-Gelben dürfte für diese Wahl ebenfalls förderlich sein.

Was sich zunächst wie eine schwarz-gelbe Pfeilspitze mitten in mein Fußballfan-Herz anhörte, entpuppte sich aber dann als physikalisch-lustiger Quervergleich. Das kollektive Hüpfen der gesamten Anhängerschaft während des Spiels hatte die Südtribüne in Bewegung gesetzt. Das war auch für mich ein neues Gefühl, aber so ähnlich muss es sich im ersten Moment auch anfühlen, wenn ein Erdbeben einsetzt. Der gesamte Boden unter unseren Füßen wippte und war in Bewegung, ein Gefühl, welches auch mir bisher völlig fremd gewesen war. Es dauerte eine Weile, bis ich verstand, dass es sich nicht um einen psychologischen Trick oder eine Art Täuschung handelte. Die

Tribüne stand tatsächlich unter Schwingungen *(Glossar 22)*. Ein zunächst bedrohliches und dann doch sehr belustigendes Gefühl, zum Glück mit der Erkenntnis, dass es heute eben nicht besonders eng, sondern eben genauso voll wie immer war und die Tribüne demnach nicht kurz vor dem Einsturz stand. Der Sohn kannte das Gefühl aber genauso wenig wie ich, und mein zunächst zweifelhafter Blick muss auch nicht sonderlich beruhigend auf ihn gewirkt haben, zumal der Blickkontakt in der hüpfenden Menge auch nicht einfacher wurde. Ich ließ mir das Erlebnis aus seinem Blickwinkel beschreiben, um festzustellen, dass »Mein Herz ist mitgehüpft« nichts anderes bedeutete als »Ich habe mir fast in die Hose gemacht, aber danach war es megacool.« Der BVB bleibt im Rennen, aber entschieden ist hier nichts.

Kapitel 7

Der Salatblatt-Pakt

Der Junge, der Enge verabscheute, trotzdem auf die Südtribüne wollte und dessen Herz beim BVB hüpfte, war mittlerweile mit einem sehr ausgefeilten Regelwerk auf der Suche nach seinem Lieblingsverein.

Es musste ein Tor fallen, wir durften auf keinen Fall eine Spielminute verpassen, und wenn es eine Mannschaft gab, die der Sohn favorisierte, dann durfte diese auf keinen Fall in Rückstand geraten geschweige denn verlieren. Eine Ausnahme stellten Spiele dar, bei denen zum Beispiel vorab geklärt wurde, dass wir in der 85. Spielminute aufbrechen mussten, um überhaupt sonntags noch den letzten Zug nach Hause zu bekommen. Montag war Schule, und auch wenn die schulischen Leistungen unseres Sohnes bis heute nicht ein einziges Mal negativ thematisiert wurden, wollten wir die gute Beziehung zur Schule nicht gefährden.

Als er einmal montags im Unterricht gefragt wurde, warum er so müde sei, erklärte er, dass der Zug aus Aue eben ein wenig Verspätung hatte und er deshalb erst heute Nacht um halb eins daheim war. Ein kurzes offenes Gespräch mit Jasons Lehrerin klärte die Situation schnell, aber man möchte so ein Entgegenkommen einer wirklich bemühten und verständnisvollen Lehrerschaft ja auch nicht überstrapazieren.

Nach außen hin sind wir als gesamte Familie im Alltag und auch in der Zusammenarbeit mit Behörden und öffentlichen Einrichtungen wohl eher als unangenehm auffällig zu bezeichnen. Für das Wohl unseres Sohnes ist uns der Eindruck, den Mitmenschen von uns haben, scheißegal.

Schuld an diesem negativen Eindruck ist unser scheinbar eher asymmetrisches Handeln, welches wir regelmäßig an den Tag legen. Vielleicht unterliegen unsere Aktionen teilweise einer besonderen, für andere unverständlichen Logik. So bitten wir in unserem Umfeld oftmals um Ruhe, und das in vollem Bewusstsein dessen, dass wir einen Lärmverursacher par excellence zum Sohn haben, der, kontinuierlich lauter werdend, quiekend in der S-Bahn auf und ab läuft oder schreit. Er kann mit einer Inbrunst schreien, dass einem die Ohren schmerzen.

Frustrierend sind jedoch besonders die Auslöser einer solchen Lärmattacke. Ein heruntergefallenes Glas, eine eingegangene Pflanze, etwas Ungeplantes oder eine banale kleine Veränderung einer getroffenen Planung reichen aus für wütendes Schreien, welches nicht minder anstrengend ist als das Stakkato-Quieken, das er dauerhaft laut und monoton von sich gibt, wenn ihn etwas beunruhigt.

Ich kann jeden verstehen, der uns für nicht elternfähig hält in Anbetracht dessen, was wir durchgehen lassen, wie wir Grenzen des Erträglichen für unfreiwillig beteiligte Menschen definieren und gleichzeitig unserem Sohn überlassen, gewisse Grenzen auch selbst zu setzen. Unser scheinbar inkonsistenter Umgang mit gesellschaftlich allgemeingültigen Regeln, deren Einhaltung wir bei anderen Menschen konsequent verlangen, bei unserem Sohn jedoch oft bewusst vernachlässigen, nehmen Außenstehende zu Recht als störend wahr.

Es zieht sich vermutlich wie ein roter Faden durch die Erziehung unseres Sohnes, dass wir ihm Rücksichtnahme beibringen möchten, indem wir rücksichtslos mit Teilen der Gesellschaft umgehen.

Meine Frau kann gegenüber Behörden und Partnern, die wir zur Unterstützung im Rahmen der Erziehung unserer Kinder benötigen, zur Furie werden. Sie dosiert das unglaublich gut und kompromisslos zielgerichtet. Doch je nachdem, in welchem Zusammenhang man sie in Aktion erlebt, würden Außenstehende vielleicht eher vermuten, sie wäre cholerisch oder unausgeglichen oder agiere, eben objektiv betrachtet, völlig werteverschiebend asymmetrisch.

Ich erinnere mich an ein Streitgespräch mit der Erzieherin im Kindergarten, in dem es sehr laut, unmissverständlich deutlich und barsch zuging. Gespräch ist eher der falsche Begriff, da es impliziert, die Erzieherin hätte zu ihrer Verteidigung noch etwas sagen können. Worum ging es? Die Erzieherin hatte Jason am Mittagstisch gebeten, den Blattsalat doch wenigstens zu probieren, bevor dieser sonst weggeschmissen werden müsse. Jason verweigert sich manchen Nahrungsmitteln kommentarlos, aber Nahrungsmittel wegzuschmeißen stellt in keinem Fall eine Option für ihn dar.

Er war eigentlich grundsätzlich in einem Alter, wo er auch lernen musste, seine Erwartungshaltung runterzuschrauben. Zu Hause wurde ihm die Mahlzeit von Mami im Detail so arrangiert aufgetischt, wie er sich das vorstellte, aber im Kindergarten war dies eben nicht immer möglich.

Es war aus unserem Blickwinkel aber auch die Phase, wo wir spielerisch mit ihm gemeinsam seinen Umgang mit Nahrungsmitteln erlernen mussten. Jason ernährte sich über lange Zeit fast ausschließlich von drei Gerichten: kleine Pennenudeln mit Spinat oder Tomatensoße, separat in einem Schälchen, sodass man jede einzelne Nudel dippen kann, generell kurze Pastasorten ohne Soße oder Pommes. Über Wochen erarbeiteten wir uns den gemeinsamen Obsttag. Wir sind zusammen auf den Viktualienmarkt gefahren und haben uns von den Händlern Obstsorten und deren Geschmack, deren Herkunft und deren historische Bedeutung im Herkunftsland erklären lassen. Jason war damals vier, aufmerksam und wissensdurstig, und die spannenden Geschichten der Händler weckten sein Interesse. Es begann mit Naschen und Probieren von zunächst minimalen Obststückchen, bis wenige Wochen später samstags ausgefallenste Obstsorten getestet und diverse Lieblingsfrüchte in rauen Mengen verspeist wurden.

Diese zunächst sehr eingeschränkte Nahrungsaufnahme, gepaart mit diesen unerwarteten großen Sprüngen, was die plötzliche Vielfalt in einem einzelnen Lebensmittelbereich angeht, ist ein gutes Beispiel für sein asymmetrisches Handeln. Bei Jason gibt es nur ganz oder gar nicht. Ganz heißt aber eben auch ganz, und er kann sich einem Thema dann zu 100 Prozent widmen. Auch über mehrere Stunden ist er vollkommen im Sog eines Themas und kann sich mit kleinsten Details beschäftigen. In Momenten, in denen er den unterschiedlichen Klimaeinfluss bei Mango-Schiffsware und einer Flugmango mit einem der Markthändler diskutiert, ist er gedanklich sehr frei und unterhält sich unbefangen auch mit fremden Erwachsenen.

Leider hat er selten solche freien Momente. Fast rund um die Uhr prasseln Eindrücke auf ihn hernieder, die mein Gehirn souverän ausfiltert, die ich, wenn überhaupt, nur am Rande wahrnehme – Jason aber im vollen Ausmaß. Das leise Ticken der Uhr, die Autos auf der Straße, die Straßenbahn, die gehenden Menschen mit so vielen unterschiedlich klingenden Schuhwerken, der Wind, die Gespräche der Menschen um ihn herum, das Rauschen der Blätter, die Tastentöne des Mitfahrers im Zug. Und damit decken wir noch nicht einmal die vielen Gerüche – Gerüche spielen neben Geräuschen eine entscheidende Rolle für ihn – und sensorischen Empfindungen ab, die ihren Beitrag zur Hochsensibilität auf das Umfeld leisten.

All diese Einflüsse kommen bei ihm gleich intensiv an. Es dauert oftmals etwas länger, bis er sich sortiert hat und er aufmerksam zuhören kann. So zumindest erklärte mir Jason einst eines seiner Probleme, dass er Schwierigkeiten hat, sich gezielt auf etwas zu konzentrieren, weil so viele Eindrücke von außen gleichzeitig auf ihn einwirken. Für mich war das alles schwer. Nach Jasons Diagnose ließ man uns, wie gesagt, relativ allein mit unseren Sorgen. Man hat zu Beginn irgendwie dieses seltsame Verlangen, dass doch eigentlich alles ablaufen müsste wie beim Befund einer Krankheit: Man bekommt mitgeteilt, wie sich der Sohn nun zu verhalten hat, dass er Bettruhe halten muss und Tee trinken soll oder Ähnliches. Und man bekommt mitgeteilt, ob ein wenig Hühnersuppe hilft oder ob man ein Rezept für ein Medikament braucht, das ihm eine vollständige Teilhabe am Leben ermöglicht.

Die psychiatrische Diagnose definiert sich über eine Vielzahl von Defiziten, die von Medizinern im Rahmen intensiver Studien beobachtet wurden, was schade ist, denn nicht nur bei meinem Sohn, sondern bei vielen Autisten ist es so, dass sie ihre Behinderung nicht als eine Ansammlung von Defiziten wahrnehmen.

Jasons Autismus ist keine chronische Krankheit, die ihm anhaftet, sondern fundamentaler Bestandteil seiner ganz persönlichen Identität. Da findet man sicherlich Schnittmengen und Gemeinsamkeiten im Vergleich mit anderen Autisten, aber im Kern lässt sich doch sagen, dass die autistische Vielfalt zu ausgeprägt ist, um den Muster-Autisten zu definieren.

Wenn Jason und ich etwas unternehmen, machen wir es gemeinsam, nehmen es aber völlig unterschiedlich wahr, weil wir Dinge ganz anders erleben. Da ist beispielsweise die für mich nicht wahrnehmbare tickende Sportuhr, die bei ihm wie der Klang von Kirchenglocken direkt in seinem Kopf dröhnt. Das ist zu berücksichtigen. Vieles ist für ihn um ein Vielfaches intensiver.

Daher war unsere Strategie früh darauf ausgerichtet, Jason in möglichst viele Entscheidungen mit einzubinden. Wer glaubt, dass dies bei Jason mit drei Jahren schwieriger war als später mit zehn Jahren, der unterliegt einem Irrtum.

Die scheinbar mangelhafte Symmetrie unseres Handelns erkannte ich erstmals bei der Salatblatt-Geschichte.

Wir hatten Jason im Kindergarten für das Mittagessen angemeldet, da wir hofften, es gäbe ihm Halt. Auch wuchs zu der Zeit seine Bereitschaft, Dinge zu probieren. Wir meinten, auf Basis der guten Erfahrungen rund um unsere Obsttage einen für ihn gangbaren Weg zu beschreiten. Zudem wechselte er in eine mit mehr Erziehern ausgestattete Inklusionsgruppe, was in uns die Hoffnung nährte, in dem einen oder anderen Bereich einen Fortschritt zu erzielen.

Es war weiterhin von immenser Bedeutung, dass Mahlzeiten, die aus mehreren Komponenten bestehen, strikt voneinander zu trennen waren, sodass wir nach Rücksprache mit unserem Sohn eine klare Regelung mit dem Kindergarten treffen konnten: Es wurde probiert, ihm ein Stück Fleisch oder Fisch, sofern es in gleich große Stücke zerteilt und getrennt von Soße und Sättigungsbeilage platziert war, zu servieren. Das Ergebnis war, dass nach und nach purer Reis, Salzkartoffeln, aber auch kleine Fleischstücke ohne Soße Anklang fanden.

Lediglich Salat ging nicht. Von Möhren bekam er Ausschlag, und die Konsistenz eines einzelnen Blattes Kopfsalat erzeugte bei ihm intensiven Würgereiz. Mal ganz abgesehen davon, dass Dressings oder Salatsoßen niemals ihrem eigentlichen Zweck nachkommen durften und auch als separat gereichter Dip keine Option darstellten. Salatbestandteile, die er gerne mochte, wie Mais, Gurke oder Bratkirschen (so mussten wir Cherry-Tomaten nennen, denn Tomaten isst er nicht), wurden wenn, dann grundsätzlich trocken verzehrt. Wir tarnten Salat und Gemüse als Obstsorten und haben zudem viel rumprobiert, wie zum Beispiel mit Gemüsesticks und gemeinsam zubereiteten Dips. Sobald aber Jason mitbekam, dass es sich um zwei oder mehr zusammengemischte Komponenten handelte, verweigerte er die Nahrungsaufnahme.

Fleischtomaten und Salatblätter waren ihm grundsätzlich ein Graus, und er beschrieb uns glaubhaft und nachvollziehbar, dass er ständig das Gefühl habe, würgen zu müssen, weil ihm war, als beiße er auf etwas von absolut widerwärtiger Konsistenz. Wir mussten ihm also zusagen, dass wir dem Kindergarten sagten, was er mochte und was nicht, damit es nicht zu Missverständnissen kommen konnte. Denn bekommt Jason Anweisungen von Erwachsenen, die nicht seine Eltern oder seine Großeltern sind, befolgt er diese meist kommentarlos, ohne zu diskutieren. So aß er schließlich auch das Kopfsalatblatt, weil er das ja wenigstens mal probieren sollte, bevor es weggeschmissen werden müsste.

Meine Frau organisierte regelmäßige Kurz-Briefings und berichtete den Erziehern von Fortschritten und Fallstricken. Auf die Wichtigkeit des Mundgefühls diverser Lebensmittel für Jason wies sie mehr als einmal hin.

Jason war nach dem Salatblatt-Erlebnis völlig von der Rolle, als wir ihn abholten. Er weinte, warf uns vor, dem Kindergarten nicht alles richtig erklärt zu haben, und war den restlichen Tag aggressiv, unzufrieden und enttäuscht. Er würde nicht mehr in den Kindergarten gehen, bis das Problem gelöst sei, und uns könne man nicht mehr glauben.

Mami löste es, denn sie kannte im Gegensatz zu mir alle Absprachen und getroffenen Vereinbarungen, welches Lebensmittel daheim gerade getestet wurde und welches Thema ihn gerade beschäftigte oder ihm auch immense Schwierigkeiten bereitete. Die Erzieherin, die es nach eigener Aussage ja nur gut gemeint hatte, stand mit großen Augen vor meiner Frau, als diese sie wortreich, laut und deutlich ins Verhör nahm. Die Botschaft war angekommen, aber in den Augen der Erzieherinnen lag das Problem wohl doch in einem nicht zu vernachlässigenden Umfang bei den Eltern und nicht bei ihrem Kind. Die Intensität einer Mama, deren Kind enttäuscht ist von ihrer nicht eingehaltenen Zusage, hat der Kindergarten zumindest zum Teil nur als cholerischen Ausbruch einer überforderten Mutter wahrgenommen. Meiner Frau war dies egal, und das Nahrungsthema kam im Kindergarten nie wieder auf.

Dies war das zweite für Jason sehr unangenehme Erlebnis im Kindergarten, neben den vielen Zweifeln, warum da auch immer so viele andere Kinder sein müssen, aber es mehrten sich auch positive Erlebnisse, und sein Tag erhielt Struktur. Der morgendliche Stuhlkreis erschien ihm sinnlos, aber da dieser immer zur gleichen Zeit stattfand, gab ihm das Halt und Routine, die sich auch in den klar abgetrennten Bereichen, wie Bauecke, Puppenecke, Bastelecke und Spielecke, widerspiegelten. Der Salatblatt-Skandal hatte auch familienintern Konsequenzen. Zusagen reichten nicht mehr. Zukünftig mussten Abmachungen versprochen werden. Mit der rechten Hand. Und diese durften keinesfalls gebrochen werden. Versprechen wurden heilig.

Kapitel 8

»Gib Frieden, Friedel!«

Auf Basis der Bedeutung von versprochenen Zusagen gab ich dem Sohn mein Wort und erneuerte das feste Versprechen, Stadien zu bereisen, um für ihn einen Lieblingsverein zu finden. Die wiederkehrenden Abläufe und Routinen waren schnell geregelt, das Regelwerk wuchs und bot ausreichend Diskussionsstoff. Die Anreise hatte stets mit dem Zug zu erfolgen, und es musste im Stadion stets eine Erinnerung, meistens ein Schal der Heimmannschaft, mitgenommen werden, um diesen dann in seinem Zimmer an seiner Erinnerungswand anzubringen.

Jason war mittlerweile sieben, die ersten 20 Stadien und Vereine waren abgehakt, das Regelwerk wurde stetig erweitert, und doch stand über allem unsere gemeinsam getroffene Vereinbarung, dass wir im Stadion nicht immer alles so hinbekommen wie zu Hause. Und dass wir lernen müssen, damit umzugehen, oder eben unsere Touren zum Fußball abbrechen, wenn ihm das zu viel werden sollte. Wir könnten uns als

Alternativen alle Musicals anschauen oder Eisenbahn-brücken, Bahnhöfe oder Sternwarten. Lange dachte ich, unsere Touren lebten zu mehr als 90 Prozent von der gemeinsamen Zeit und dem Abenteuer, unterwegs zu sein. Ich dachte, der Fußball oder die Stadien spielten vielleicht eine untergeordnete Rolle, und Bahn-hofsbesichtigungen wären nun einmal auch um ein Vielfaches günstiger. Wir diskutierten diesen Punkt, was mit Jason auch in jungem Alter oftmals erstaun-lich gut funktionierte.

Er kann viele seiner Entscheidungen begründen, versucht diese immer auf Basis von Fakten und fun-diertem Wissen zu treffen. Ebenso häufig gibt es aber Entscheidungen, die für viele Außenstehende, manch-mal aber auch für mich und meine Frau, jeglicher Logik entbehren, deren Sinn sich uns nicht erschließt. Dann hat man den Eindruck, Jason wird von sich selbst gezwungen, etwas Bestimmtes immer und immer wieder zu tun oder eben auch nicht zu tun. Ich habe lange gebraucht, um zu verstehen, dass das, was auch immer es ist, was meinen Sohn ins Fußballsta-dion treibt, keinem Zwang, Druck oder irgendeinem anderweitig negativ zu bewertenden Umstand ge-schuldet ist.

Er hat vielmehr einen Weg gefunden, unsere Aus-flüge als parallelen Lebensalltag zu begreifen. Eine Zeit mit Papsi, die Anstrengungen und vielen neuen und unerwarteten Momenten unterliegt. An diesen Wochenenden werden seine üblichen Regeln gebrochen, da sonst all die geplanten Abenteuer nicht zu absolvieren wären. Die üblichen Formen der Nahrungsaufnahme sind nicht möglich, außerdem gibt es Zugausfälle, plötzliches Gegröle, Pyrotechnik *(Glossar 23)* und die Enge der S-Bahn in der Pregame Rushhour, die Jason fordern.

Eines Tages schilderte ich ihm in einem Gespräch meine Sorge, dass er sich gedrängt fühlen könnte, in Stadien zu fahren, um Zeit mit Papsi verbringen zu können. Jason erklärte mir, dass ich das völlig falsch beurteile, denn für ihn hätten unsere Stadionerlebnisse mit Anreise, Ticketkontrolle, Halbzeitmusik, Schiedsrichterpfiffen und oftmals lieblos professionalisiertem Stadionfood auch wieder viele feste Routinen, in deren Rahmen er sich sehr wohlfühlt und dass er bei den Dingen, die ihn im Stadion Schwierigkeiten bereiten könnten, abwägt, ob er das in Kauf nehmen möchte, weil ihm der Stadionbesuch wichtiger ist.

Mich beeindruckten seine so viele Blickwinkel berücksichtigende Antwort und die Schlüsse, die er daraus zog.

Das Stadion mit allem, was dazugehörte, ist für ihn sein eigenes, im Rahmen seiner üblichen Alltagsregeln funktionierendes Mini-Universum. Er genießt es, dort Dinge zu tun, die er sonst nicht tut, und er schätzt es sehr, erwachsene Männer und Frauen zu beobachten, die sich so gar nicht erwachsen benehmen und dabei Spaß haben.

»Im Stadion kann ich schimpfen und schreien und laut sein, und ich falle dadurch nicht einmal auf.«

Was wir machen, muss keinen Sinn ergeben, es muss ausnahmsweise auch nicht zwingend einer besonderen Logik folgen, sondern es soll uns Spaß machen, uns weiterbringen, uns ablenken, uns amüsieren. Mit einer eben etwas anders geregelten Routine überwinden wir die Zwänge des Alltags. Bis auf wenige Fixpunkte sind wir frei.

Wir brechen gemeinsam am Wochenende Regeln, wenn es sein muss, schreien oder wüten wir oder tun Dinge bewusst anders als zu Hause. Wir akzeptieren, wenn es Situationen gibt, in denen wir für den Sohn lieb gewonnene Eigenarten nicht einhalten können. Wir rebellieren gegen unser daheim sehr starres, aber notwendiges Regelwerk mit einem neuen Regelwerk. Wir priorisieren unsinnige und unlogische Herangehensweisen, und der Sohn sucht nach neuen Grenzen.

Auch die Sorge, wegen der Anstrengungen, denen ich ihn aussetze, wenn wir morgens um fünf aufbrechen, um nach sieben Stunden Bahnfahrt irgendein Regionalliga-Gegurke in der Walachei zu schauen, entkräftete der Sohn rigoros: Was anstrengend sei und was nicht, könne er gut selbst entscheiden, und jede große Pause in der Schule wäre anstrengender als zehn Stunden Zugfahrt in stickigen, überfüllten Regionalbahnen. Er gab mir die rechte Hand und versprach mir zu sagen, wenn einmal der Tag käme, dass er vielleicht einfach keine Lust mehr auf unsere Stadiontouren hat, er andere Interessen priorisiert oder ihm die mit den Reisen verbundenen Anstrengungen und Geschehnisse doch zu sehr zu schaffen machen.

Jetzt sollten wir uns lieber mit der Planung des nächsten Wochenendes beschäftigen. Es war mein erstes freies Wochenende nach längerer Zeit, und ich versprach dem Sohn, er könne die Planung erstmals komplett alleine übernehmen, wenn er es wünsche. Bis heute weiß ich nicht, ob er dieses Wochenende aus Trotz bezüglich unserer Diskussion so plante oder ob er es einfach witzig fand, mit dem Zug quer durch Deutschland zu peitschen.

Freitags sollte ich ihn direkt aus der Schule abholen. Der Ranzen sollte ins Schließfach, denn Zeit für eine Heimfahrt nach der Schule hätten wir nicht mehr. Jason wollte nach Freiburg, was alleine betrachtet uns an einem Freitagabend nicht vor besonders große Hindernisse gestellt hätte, aber da ich erstmals seit Längerem keine Folgetermine am nächsten Tag hatte, bestand er darauf, auch am nächsten Mittag noch ein Spiel sehen zu können, und entschied sich fürs Hamburger Millerntor. Unser erster Doppelspieltag und unser ganz persönlicher Nord-Süd-Gipfel.

Die Schulglocke ertönte. Es war 13.30 Uhr und wir in Eile. Um 14.05 Uhr kamen wir am ICE- Bahnhof an. Die geplante Abfahrt des Zuges sollte um 14.38 Uhr sein. Pünktliche Ankunft vorausgesetzt, würden wir gegen 18.00 Uhr in Freiburg eintreffen. Genügend Zeit, um die Klamotten unterzubringen und ganz gemütlich Richtung Stadion aufzubrechen. Überhaupt schien dies zunächst ein problemfreier Ausflug zu werden. Das ist in unserem Fall immer relativ zu betrachten, aber es drohte aufgrund des bis Freiburg durchfahrenden Zuges keine Umsteigeproblematik, und der Sohnemann hatte richtig Bock, feixte rum und erfreute sich an seinem vermeintlichen Geniestreich, 450 Kilometer in den Süden zu fahren, um in der folgenden Nacht 750 Kilometer Richtung Norden zu reisen mit dem Ziel, den TSV 1860 München am Hamburger Millerntor zu sehen. Die Nahverkehrsanbindung vor Ort schien ebenfalls ziemlich unproblematisch, der Schlafwagen im Nachtzug war gebucht, und von Sorge, sich mit völlig Fremden nachts ein sehr enges Schlafwagenabteil teilen zu müssen, war beim Sohn keine Spur. Er freue sich sehr auf den Torwart mit der Jogginghose *(Glossar 24)*, sagte er mir zu Beginn des Trips.

So reibungslos ging es leider nicht weiter. Zu meiner Überraschung stellten wir fest, dass wir kaum Bargeld und keine EC-Karte dabeihatten. Vermutlich hatte Töchterchen wieder mit meinem Portemonnaie gespielt, es leer geräumt und einzelne Bestandteile in der Wohnung versteckt. Kein Auto vor Ort zu haben, weil wir mit dem Zug die 30 Kilometer aus dem Vorort angereist waren, stellte ein zusätzliches Problem dar. Den Zug um 14.38 Uhr konnten wir vergessen, und um 15.16 Uhr fuhr schon der letzte Zug mit einer Ankunftszeit, die eine pünktliche Ankunft im Stadion überhaupt noch möglich machte. Mami freute sich wohl über unseren Anruf:

»Mami, du hast 30 Minuten, um uns Papsis EC-Karte oder Geld zum Bahnhof zu bringen.«

Um kurz nach drei bog meine Frau vor dem Bahnhof in die Taxispur und warf uns mit einem Kopfschütteln die EC-Karte zu. Für Jason ein nahezu selbstverständliches Handeln. Er vermag bis heute oftmals den Aufwand nicht einzuschätzen, den wir seiner Mama, meiner Frau, aufhalsen. Auch die hektischen Situationen und die Entbehrungen, die seine Schwester ertragen muss, kann oder will er nicht zu schätzen wissen. Das aufopferungsvolle Verhalten seiner Mama ist für ihn eine Selbstverständlichkeit. Aber dazu später mehr.

Nach der Ankunft in Freiburg fuhren wir mit der Straßenbahn Richtung Stadion. Ohne unsere Anwesenheit läge der Altersdurchschnitt der Stadionbesucher in der Straßenbahn sicherlich nur noch knapp unterhalb der Grenze des Renteneintrittsalters. Es störte nicht, fiel aber auf und war vermutlich darin begründet, dass wir so spät dran waren und die erfahrenen, mit ihren Sitzkissen bewaffneten Stadion-Profis älteren Alters eben genau wussten, welche Bahn sie nehmen mussten, um pünktlich im Stadion zu erscheinen, ohne den eine Stunde vorm Spiel beginnenden Firlefanz ertragen zu müssen.

Eine 15-minütige Fahrt mitten durch die Innenstadt, und schon waren wir an der richtigen Haltestelle angekommen. Direkt nach dem Ausstieg wiesen diverse fliegende Händler den Weg. Ein blindes Folgen der ungewöhnlich großen Gruppe der etwas betagteren Fußballfans erschien irgendwie unlogisch, denn gänzlich ausschließen ließ sich nicht, dass die Senioren zu einem Public Viewing, nicht zum Stadion unterwegs waren.

»Eurobba mir gomme-Schals« schrie die optische Mischung aus Jean Pütz und Eminem durch die Gassen und kürzte damit den oft mühseligen Prozess der Schalwahl rigoros ab. Gut so. Der Sohn war schnell ausgerüstet, und wir begaben uns auf direktem Weg zu unseren Plätzen, die wir dieses Mal taktisch klug gewählt hatten, um nach Spielende möglichst schnell zurück zum Bahnhof zu gelangen. Der Nachtzug nach Hamburg durfte nicht verpasst werden.

Auch in der Schlange zur Einlasskontrolle fielen

wieder die vielen älteren Menschen auf, die von den anwesenden Securitys lächelnd durchgewunken wurden. Man kennt sich, dachte ich, bevor auch Jason und ich ohne Abtastung oder Durchsuchung passieren durften. Jason bestand aber darauf, durchsucht zu werden, denn nur Kindern würde man vermutlich nicht zutrauen, Bengalos *(Glossar 23)* ins Stadion zu schmuggeln, und ein Kind ist das Letzte, was er sein möchte. Nur wenige Minuten bis zum Anpfiff, und zur Beruhigung des Chefs der Wochenendrebellen begutachteten wir das Geschehen an der Sicherheitskontrolle. Der Sohn wollte meine Aussage bestätigt sehen, dass niemand kontrolliert wurde und es nicht daran lag, dass die Ordner ihn für ein Kind hielten. Wir nahmen unsere Sitzplätze ein. Top Sicht für uns, direkt neben dem Gästeblock. Dazu muss man wissen, dass Freiburg den grausamsten, hässlichsten und unkomfortabelsten Gästeblock der ersten und zweiten Liga hat.

Links neben uns ein Ehepaar um die 70, rechts neben uns ein, zwei Opis um die 60. Die Folgen der demografischen Entwicklung sind in Freiburg entweder deutlicher spürbar, oder es hatte sich hier einfach ein Seniorenblock etabliert. Die Wochenendrebellen mittendrin. Die: »HSV, HSV, HSV«-Rufe machten Jason dann kurzzeitig ein wenig skeptisch im Hinblick auf die beiden auflaufenden Mannschaften. Ziemlich weit unten sitzend konnten wir dann auch noch das Spektakel eines Hannover-Fans beobachten, der sein Banner, auf dem ein kleiner niedersächsischer Ort genannt wurde, noch gerne am schon jetzt sehr üppig behangenem Gästeblock aufhängen wollte. Ordner eins lehnte das ab. Ordner zwei wurde auf Wunsch des leicht angeschickerten Herrn hinzugezogen, lehnte es aber ebenfalls aus Platzgründen ab. Der Fan gab nicht auf. Er versuchte über die Bande zu klettern, um das Banner selbst aufzuhängen. Schon der Anblick des Versuchs, als er sich alkoholisch angeschlagen über die Bande hieven wollte, ließ keinen Zweifel an der Hoffnungslosigkeit seines Unterfangens zu. Ein weiterer Ordner, vermutlich eine Art Einsatzleitung, kam hinzu und teilte ihm sehr unmissverständlich mit, dass sein Banner nicht aufgehängt werden konnte. Friedel gab auf. Das dachte ich zumindest. Und zu dem Zeitpunkt, als ich das dachte, wusste ich auch noch nicht, dass der Typ Friedel hieß. Dies erfuhr ich erst später.

Zunächst wurde ich unangenehm berührt, als er mit der »Ich hoffe, du hast deine Finger nach dem Pinkeln gewaschen«-Tragetechnik insgesamt acht Plastikbecher mit Bier trug und nicht nur in der Reihe hinter uns, sondern unglücklicherweise auch direkt auf der Schale hinter mir Platz nahm. Zeigefinger, Daumen, Mittelfinger und Ringfinger tauchte er in jeweils vier

Becher Bier, um diese halten und fixieren zu können. Sein Banner lässig um die Hüfte gewickelt. Neben ihm sein Kumpel, Name unbekannt, alkoholisches Level ebenbürtig dem Friedels.

Die Fronten zwischen Friedel, seinem Kumpel und der Blockumgebung, in der sie sich befanden, waren schnell geklärt. Sie outeten sich ja auch recht zügig durch Ihr »HAAAAAA ESSSSSSSSSSS VAUUUUU, HAAAAAA ESSSSSSSSSSS VAUUUUU …«-Geblöke, was aber nur einen kleinen Teil der Rentnerkampftruppe auf sie aufmerksam machte und bei uns Verwunderung hervorrief, da wir HSV-Rufe bisher nur von HSV-Spielen kannten.

Die Diskussion, die sie völlig ohne Hoffnung auf ein positives Resultat und viel zu laut direkt hinter uns führten, drehte sich immer noch um das Banner. Die ersten zehn Minuten verbrachten sie damit, zu klären, wo genau die Fahne jetzt eigentlich hängen müsste und was sich diese Ordner überhaupt einbilden würden, denn das Banner hing schon in Tausenden Stadien. Erst Mitte der ersten Halbzeit wurde es ruhiger, was aber nur daran lag, dass Friedel loszog, um die Gerstensaftkanone neu zu laden. Frisch aufmunitioniert bekam dann der »Smolka« sein Fett weg. Ich weiß bis heute nicht, ob es sich bei diesem »Smolka« um ein verunglimpfendes Schimpfwort für Herrn Slomka, den damaligen Trainer der Hannoveraner, handelte oder eine durch Fankreise legitimierte Umgestaltung seines Namens. Ich vermutete aber, auch aufgrund des alkoholischen Zustands der beiden Herren, dass Friedel sich einfach die Lichter so heftig ausgeschossen hatte, dass ihn seine Zunge und seine Sprachgewandtheit im Stich ließen. Mir war das sehr unangenehm, da auch der Sohn die teils obszöne Wortwahl von Friedel mitbekam und nun doch der ein oder andere Block-Mitinsasse von den beiden amüsiert Kenntnis genommen hatte.

Zur Halbzeit versuchten wir an ein Getränk und etwas zu essen zu gelangen, was in Freiburg dankenswerterweise noch ohne Paycard-System (*Glossar 25*) läuft. Bei diesen dubiosen Systemen wird oftmals mit Restguthaben oder Pfandrestsummen gearbeitet und bewusst auf deren Verfall spekuliert. Das lange Anstehen für die Rückgabe und Auszahlung des Kartenpfandbetrags wäre uns nicht möglich gewesen, auch wenn wir nicht so unter Zeitdruck gestanden hätten.

Über die mangelhaften hygienischen Zustände schauten wir mittlerweile entspannt hinweg. Jason hatte sich sogar daran gewöhnt und es akzeptiert, dass diese im Stadion mit seinen sonst gültigen Regeln nicht vereinbar waren. Es kam immer wieder vor, dass ein und derselbe Mitarbeiter sowohl Dutzende Geldkontakte innerhalb von Minuten erzielte und gleichzeitig frei von Handschuhen oder ähnlichen Schutzmaßnahmen auch das Brötchen anfasste und zur Currywurst reichte.

Ärgerlich war es trotzdem, dass kleinste Grundregeln des organisierten Abverkaufs in Stoßzeiten nicht eingehalten wurden. Keine vorgezapften Getränke, unübersichtliche Anbringung der Preise, zudem erfolgte die Pfandrückgabe am gleichen Platz wie die Ausgabe der Getränke. Am Wurststand das gleiche Spiel. Senf und Ketchup waren an der Theke so ungünstig platziert, dass man nach Erhalt seiner Bratwurst den Platz nicht räumte, sondern weiterhin dort stand, um seine Lieblingssoße auszuwählen. Die restliche Meute drumherum hatte höflich zu warten, bis sie endlich drankam, um zu bestellen.

Während sich die Kolibakterien schenkelklopfend Highfive gaben und mein ökonomisch-gastronomisches Auge bitterliche Tränen weinte, freute ich mich, dass selbst ich mich – gestählt durch die Vater-Sohn-Touren-Realität – mittlerweile über Banalitäten aufregen konnte.

Jason verschlang ein Brötchen mit Ketchup, und pünktlich zu Beginn der zweiten Halbzeit nahmen wir unsere Plätze ein. Friedel und sein Kumpel liefen jetzt zu Hochform auf. Die eigenen Fans, der Gegner, die Ordner: Alle hatten sie schon ihr Fett wegbekommen. Der Hannover-Spieler Schlaudraff war der Nächste, weil »der Wichser nicht durchzieht. Der Schisser«.

In besagter Szene hatte Schlaudraff nicht den Hauch einer Chance, mit der Fußspitze noch an den Ball zu gelangen, und Freiburg-Torhüter Baumann war nach einem Steilpass gute zwei Meter vor ihm am Ball. Friedel sah das anders, was er auch unmissverständlich, aber unschön äußerte. Ich gerate in solchen Momenten immer ein wenig in einen Gewissenskonflikt. Es sind die Momente, wo ich mir nicht sicher bin, ob dieses gesamte Projekt eine gute Idee war, denn charakterfördernd geht anders. War das die richtige Umgebung für einen siebenjährigen Jungen?

Ich entschied mich für den Weg, den Sohn eben auch mit der Existenz von stumpfsinnigen Äußerungen zu konfrontieren, ließ ihn das Spektakel grinsend genießen und wartete auf seine eventuellen Fragen.

Friedel und sein Kumpel waren nun so hageldicht, dass die Zusammenhänge ihrer sprachlichen Ergüsse kaum noch zu erfassen waren. Sie philosophierten weiter über diese gottverdammte Fahne, deren Größe und Ausmaß, Bedeutung und Pathos in ihren Augen kontinuierlich wuchs. Friedels ganz persönliche Fahne wuchs ebenfalls und reichte mittlerweile bestimmt, um beide Mannschaften und deren Protagonisten ins Delirium zu hauchen. Voll wie die Haubitzen stürzte nun Friedels Kumpel hinunter zum Ordner, um ihm sein Leid zu klagen. Dieser reagierte cool, und sofern ich dies aus der Entfernung beurteilen konnte, nickte der Ordner nach einiger Zeit und willigte scheinbar ein. Tatsächlich. Er hatte zugestimmt. Während Friedels Kumpel sich die acht Stufen hochmühte, richtete der Ordner zwei Stühle im unteren Bereich aus, auf denen die Jungs wohl ihr Banner aufhängen sollten.

Stark euphorisiert stürzte Friedels Kompagnon an diversen Rentnern vorbei, um Friedel von seinem Erfolg zu berichten. Dieser sprang völlig begeistert auf, vergaß für diese entscheidende Millisekunde den Eimer Bier, den er in der linken Hand hielt, während er ein weiteres Bier in der rechten Hand hatte. Ein Bier zu viel für eine herzhafte Umarmung seines Bannerhelden, und trotz seiner atemberaubenden Reaktionsgeschwindigkeit landete der gesamte Inhalt eines seiner prall gefüllten Tässchen auf meinem Rücken oder besser gesagt auf meiner Jacke. Der Sohn kringelte sich vor Lachen, was mich bei allem Ärger schnell beruhigte, aber vielleicht auch dem Umstand geschuldet war, dass mir noch nicht klar war, dass diese Jacke für die nächsten 24 Stunden vorhalten musste. Der Kommentar des Sohnes:

»Die beiden sind lustig, Papsi. Die beiden sind sehr, sehr lustig.«

Ich nickte und versuchte mich dem Spiel zu widmen, während Jason in der letzten Viertelstunde ebenfalls dem Treiben an der Bande und direkt hinter uns zusah.

Die beiden Vollidioten stritten und verbrachten die Zeit mit der Klärung, wer nun das Klebeband vergessen hatte, wer es mitbringen sollte, wer wem gesagt hatte, dass er es mitnehmen soll, wer es das letzte Mal mitgebracht hat und ob dies ein Grund dafür sei, davon auszugehen, dass derjenige es auch diesmal dabeihaben müsste oder genau umgekehrt. Der Ordner winkte zwischenzeitlich feixend in Richtung der beiden Typen, da die zwei völlig unsinnig hinter einer Werbebande platzierten Stühle darauf warteten, von den beiden mit einem Banner bestückt zu werden. Jason kicherte unaufhörlich. Der Streit endete in einer rührenden Versöhnungsszene, einer Umarmung und dem Beschluss, das Banner eben stehend hier im Block hochzuhalten, was insbesondere den Herrschaften in den Reihen hinter den beiden sauer aufstieß. Jasons gesamter Körper vibrierte vor positiver Anspannung, bis schließlich einer der älteren Herren mit sonorer Stimme Friedel persönlich ansprach und der unrühmlichen Szene ein Ende setzte.

»Gib Frieden, Friedel.«

Friedel und sein Kumpel setzten sich. Es herrschte Ruhe. Die besten acht Minuten des Spiels folgten. Abpfiff. Der Sohnemann gab bei unserem Abmarsch das Tempo vor – der Nachtzug wartete.

Kapitel 9

Welcome to the hell of St. Paulis Sanitärbereich

Am Bahnhof angekommen sprangen wir in unseren Nachtzug. Ein Vierbett-Wagen erwartete uns, und als wir so vor unserem Schlafabteil standen und die beiden wohlbeleibten Hannover-Fans sahen, die sich das Abteil mit uns teilen sollten, wurde mir erst wieder bewusst, wie eng diese Abteile sind. Bezüglich ihrer Größe unterscheiden sie sich kaum von den klassischen Sechser-Abteilen, die man aus dem ICE kennt, mit dem Unterschied, dass dort jeweils zwei Hochbetten mit zwei Schlafplätzen untergebracht sind. Eine Nachtzugfahrt ist die intime Steigerung des unbehaglichen Schweigens in einem voll besetzten Aufzug.

Drei doch eher massige Typen und der 35-Kilogramm-Wochenendrebell standen vor diesem Abteil. Es roch unangenehm nach Bier, und in den Plastiktüten der beiden Typen konnte man das Glas klimpern hören. Ich kam in den zweifelhaften Genuss, von einem der Männer gefragt zu werden, ob ich gerne oben schlafen möchte. Und während der Sohn mit einem klaren »Ja!« erst gar keine Diskussion aufkommen ließ, legte der andere Hannoveraner grinsend nach: »Dann macht euch einfach schon einmal bettfertig. Wir warten hier im Gang.« Jason ging nun doch ein wenig die Muffe, zumindest erlosch sein Interesse, eines der beiden Betten alleine zu nutzen, und so krabbelten wir über die Leiter hinauf, beide leicht bekleidet, aber völlig ungewaschen, in das nicht einmal einen Meter breite und viel zu kurze obere Bett. Zu meinem Erstaunen hatte es gar kein hochklappbares Seitengitter, was in Anbetracht der Höhe nicht unsinnig gewesen wäre.

»Papsi, sind die beiden auch so betrunken wie Friedel?«

»Vielleicht ein klitzekleines bisschen.«

Die Antwort kam nicht von mir, sondern tönte vom Gang herüber. Die Nacht war Himmel und Hölle zugleich. Das Bett war um ein Vielfaches zu klein für uns beide, und da der Sohnemann den etwas besser geschützten Wandplatz für sich beanspruchte, lag ich, mein Hinterteil frei schwebend in der Mitte des Raumes, den Sohn im Arm haltend, in dem vier Quadratmeter großen Schlafgemach und regte mich über den widerlichen Biergestank auf, den die beiden ausdünsteten.

Das Geschnarche (der Sohn stand den Jungs gegenüber in nichts nach!) war nur ein kleines, zu verachten-
des Randproblem. Ich schlief schlecht – fast gar nicht,
weil auch ständig Teile unseres Reisegepäcks aus dem
Regal auf das schmale Bett purzelten. Es ließ sich kein
Fenster öffnen. Der abgestandene Bierdunst war eklig,
und ich hatte keine Ahnung, wann und wie ich dann
doch noch eingeschlafen bin. Ich wusste nur, dass ich
kurz wach geworden war, als die Jungs in Hannover
ausstiegen, dass mir der Rücken und die Hüfte
schmerzten und es keine Möglichkeit gab, sich irgendwie einmal zu drehen. Trotzdem war es eine der bes-
seren Nächte. Dem Sohnemann blieb keine Flucht-
möglichkeit, und das bedeutete körperliche Nähe. Ein
Vorzug, dessen Ehre mir ja auch nicht oft erwiesen
wurde. Und so kuschelte und klammerte ich mich an
ihn und hörte dem Zug beim Rattern über die Gleise
zu. Ich war sehr glücklich.

Gegen kurz vor sieben quälte ich mich aus dem
Zwinger und bereitete das Waschbecken vor, welches
außerhalb der Waschzeiten als Tisch dienen sollte und
zum Fenster ausgerichtet war. Jason erwachte und
wirkte erstaunlich erholt, gut gelaunt, überhaupt nicht
so morgenmuffelig, wie man es oft daheim erlebte. Er
sprang voller Elan aus dem Bett.

Beim Zähneputzen einen Ausblick in die vorbei-
rauschende Landschaft des Nordens zu erhalten, ist

einem nun auch nicht tagtäglich vergönnt. Der so früh so gut gelaunte Sohn und das üppige Paket körperlicher Nähe entschädigten für den immer noch in der Luft liegenden Biergeruch. Die Jungs hatten ihre Tüte mit Bierflaschen einfach liegen lassen – dachte ich zumindest, bis nacheinander drei Bionadeflaschen aus der Tüte kullerten. Der ekelhafte Biergestank hatte einen anderen Ursprung, der mir deutlich wurde, als ich meine Jacke anhob, um an den Rucksack zu gelangen. Friedels Debakel hatte ich völlig verdrängt und mich selbst als alkoholische Geruchsquelle gänzlich ausgeschlossen. Zum Glück lautete das nächste Ziel Millerntor, St. Pauli, und wenn man den Gerüchten Glauben schenken mag, dürfte dort mein Geruch eher als ernsthafter Integrationsversuch angesehen werden.

Mit dem Nachtzug aus Freiburg kommend, purzelten wir auf die sündige Meile. Nach einem ausgiebigen Frühstück marschierten wir gemütlich die Reeperbahn hinunter, um in einer kleinen Schmuddelecke einen letzten Drink zu nehmen. Es regnete, und wieder einmal mehr musste ich feststellen, dass die Reeperbahn insbesondere am frühen Samstag- oder Sonntagmorgen einen speziellen Charme verströmt, der für Kinder wohl eher ungeeignet erscheint, dem Jason aber wenig Beachtung schenkte. Schon ungewöhnlich, dass wir, während ganz Deutschland von schönem

Wetter sprach, anscheinend zielsicher die einzige Gruselwetterregion aufsuchten. Vielleicht hüllte sich Hamburg auch in sein schönstes Kleid. Man weiß es nicht.

Es blieb ausreichend Zeit, um Sohnemann den fast schon traditionellen, mehrminütigen Entscheidungsprozess, welcher Schal es denn dieses Mal sein soll, alleine durchlaufen zu lassen. Der erstaunlich schnellen Entscheidung für einen St.-Pauli-&-Celtic-Fanschal ließen wir noch den Kauf eines schwarzen Müllsacks mit Totenkopf folgen. Im Norden heißen die St.-Pauli-Regencapes, und das Wetter schien sich so zu entwickeln, dass man dies als eine lohnenswerte Investition erachten musste. Wir waren gerüstet, und wieder einmal mehr gelang es uns, uns zielgerichtet zweimal hintereinander am falschen Blockeingang anzustellen. Ich schaute mich um. Ich muss oft darüber nachdenken, was Menschen wohl so denken, wenn sie unser Treiben vor Ort direkt verfolgen und uns sehen, wie wir nach 15 Minuten Anstehzeit aus dem Block zurückgeleitet werden. Wahrscheinlich würden sich die meisten zu uns gesellen und uns erst wieder verlassen, wenn ich Jason sicher daheim bei Mama abgeliefert hätte.

Nach unserer Ankunft im Eingangsbereich der Nordkurve wankten uns einige pöbelnde 1860-München-Fans entgegen. Sie wurden hier am Eingang abgewiesen und schimpften nun lautstark auf das Eingangspersonal, den FC St. Pauli, die Stadt Hamburg und die Bundesregierung, bis ihnen von zwei Herren in Cowboystiefeln und mit üppigem Goldschmuckbehang, Vokuhila und Sonnenbrille mit kurzen, knackigen Ansagen das Maul gestopft wurde.

Ich fiel auf mit meinen Wildlederschuhen, nicht jedoch mit meinem zerzausten Haar und der leicht verlotterten Gesamtoptik, so viel war klar. Das blieb aber nicht lange so. Das war noch klarer. Das Millerntor ist tatsächlich eines dieser wunderherrlichen Stadien, wo du auf den Stehplätzen während und auch nach dem Regen ordentlich im Schlamm stehst. Fantastische Voraussetzungen. Mit den Erfahrungen aus Schalke gerüstet, suchten wir uns einen Platz ganz vorne, wo das Gedränge gering oder in dem Fall sogar nicht vorhanden war.

Eine kurze Musterung des Zettels, den ich im Eingangsbereich bekommen hatte, verriet mir, dass es heute eine Choreo geben soll. Wie bitte? Ehrlicher, dreckiger Zweitligafußball und dann eine per Anleitung gesteuerte Choreografie? Ungewöhnlich, dachte ich, durchschaute den Trick aber schnell. Bis nach St. Pauli hatte sich also unser kleines Projekt schon rumgesprochen, und man wollte hier nichts unversucht lassen, den Sohnemann in ihren Bann zu ziehen. Chapeau. Und es kam noch besser. Kaum platzierten wir uns im Stehbereich hinter dem Tor, kam eine Dame, deren Optik mich ein wenig an Uschi (aus Schalke) erinnerte. Sie verfügte allerdings über mehr Zähne, trug diese aber mit stilechter Konsequenz in den St.-Pauli-Farben und drückte Sohnemann rote Schnipsel in die Hand. Kinderfänger! Als integrierten Bestandteil der choreografierenden St.-Pauli-Fangemeinschaft wollten sie ihn in ihren Bann ziehen.

»Hältst du das Ende des Banners fest?«, fragte ihn ein seltsam bemützter Typ, der meine Vermutung bestätigte, man müsse hier Cowboystiefel oder stone washed Skinny-Jeans tragen.

Jason durfte dann die Umsetzung der Choreografie unterstützen und hielt, in Höhe der linken Eckfahne, das eine Ende des Banners. Nicht dass es irgendeine Bedeutung gehabt hätte, tendenziell eher fünftes Rad am Wagen zu sein, fand ich es doch erstaunlich, wie die St.-Pauli-Fans einen kleinen Mann integrierten, dessen Vater leicht genervt und übermüdet im SC-Freiburg-Schal mit feinstem Schuhwerk im Morast ihres Blocks stand. Das war schon sehr angenehm, sich so willkommen zu fühlen. Musikalisch rebellisch unterlegt, wurde das Banner geschwungen, während der jüngere Wochenendrebell sich von seinem Bannerende löste, seine roten Schnipsel aus der Hosentasche kramte und auf Anweisungen von Uschis Schwester wartete.

Die Integration in die St.-Pauli-Choreo gefiel Jason

sichtlich. Lediglich die roten Konfetti-Schnipsel auf dem matschigen Boden ließen ihn ein wenig nervös werden, luden sie doch dazu ein, alle wieder einzusammeln und ordnungsgemäß zu recyceln. Der Spielbeginn forderte ihn in vollem Umfang. Das Wetter, der Matsch, die harte Anreise in den Knochen, die vielen urigen Gestalten, die Choreo und dann das donnernde Hells Bells von AC/DC aus der Stadionanlage. Das einzig wirklich Belastende bis dahin war allerdings die Erkenntnis für ihn, dass sich wirklich niemand an den ganzen Schnipseln im Matsch zu stören schien.

Als es dann losging, wechselten sich die Gegengerade und die Nord- und Südtribüne mit dem Anstimmen diverser St.-Pauli-Gesänge ab. Es schien aber keine klare Aufgaben- oder Kompetenzverteilung zu geben. In selbstironischen Gesängen bezeichneten sich die St.-Pauli-Fans selbst als »asoziale Zecken, die unter Brücken schlafen«, und überboten damit jeden Gesang, der bei den vorherigen Stadionbesuchen meist vom Vorsänger *(Glossar 26)* vorgegeben und von einem Teil der Ultras nachgegrölt wurde.

Wir fühlten uns schnell wohl, und die vorhandene, aber deutlich im Hintergrund stehende Kommerzialisierung trug bei mir persönlich wesentlich dazu bei. Kein Sponsoring von Eckbällen, Gelben Karten oder Zwischenständen und ein richtig guter Kaffee für nur einen Euro direkt hinter der Tribüne. Ja, ich war leicht zu begeistern, aber wir haben von strunzdummen Halbzeitspielen bis zu Trauerhilfe-Firmen, die die Aufstellung der Gästemannschaft präsentierten, und Maskottchen, die dem Mannschaftskreis vor dem Spiel beiwohnten, auch echt genug erlebt. Auch die Geste, den Song des Gastvereins zu spielen, und die Tatsache, dass dieser nicht von Pfiffen der St.-Pauli-Fans begleitet wurde, trug zu den positiven Rahmenbedingungen unseres Besuches bei.

Diese teils herrlich unorganisierte Stimmung war in ihrer Art einzigartig. Gegenüber in der Süd stand zwar einer dieser Vorsänger, die in Indonesien viel treffender als Dirigenten bezeichnet werden, aber ein Großteil der Gesänge folgte keinem festen Muster, sondern entstand und wuchs wie ein kleines, zartes Pflänzchen, um dann in wenigen Sekunden zu einer kollektiven, aus mehreren Richtungen kommenden inbrünstigen Intonation des Dreiviertel-Stadions anzuwachsen. Einer schrie voller Inbrunst los, zwei oder drei hängten sich dran, weil sie gerade sowieso nichts zu trinken hatten, und plötzlich schrie dieses gesamte verdammte Stadion. Jason und ich mögen kreativen, lauten, abwechslungsreichen Fan-Support, wir können aber auch beide gut damit leben, wenn einfach alle ihre Klappe halten und einfach schweigend das Spiel genießen. In St. Pauli kam eine uns bis dato völlig unbekannte Fan-Spezies hinzu. Diese äußerte sich in

Rufen, die eher kleinen verkümmernden, oder besser einfach nicht wachsen wollenden, Pflanzen glichen. Zu hören, wenn es still war und einer begann: »Sankt Pauliiiiii, Sankt Pauliiiiii, Sankt Pauliiiiii, Sankt Pauliiiiii«, wobei zwischendurch das »Pauliiiiii« zu einem geröhrten »Pauläeäeäeäeä« verkümmerte oder das Röcheln das »Sankt« fast verschluckte. Beim fünften oder sechsten Mal merkte er dann, dass gar niemand Lust hatte einzustimmen, und es war ihm völlig egal. »Sankt Pauliiiiii, Sankt Pauliiiiii, Sankt Pauliiiiii, Sankt Pauläeäeäeäeä.« Es war ihm aufrichtig gleichgültig, ob ihn jemand gesanglich unterstützte. Wie er da stand – garantiert gerade einer der glücklichsten Menschen im Stadion.

Die skurril-angenehme Atmosphäre wurde jäh unterbrochen, als der Sohn mich wissen ließ, dass er dringend auf die Toilette müsse.

Die Prozedur des Toilettengangs unterlag zu diesem Zeitpunkt festen Regeln, die uns daheim, im Zug und unterwegs immer wieder vor Herausforderungen stellten. Gesetzt wird sich nur auf weiße WC-Einrichtungen, und im Stehen wird grundsätzlich gar nicht gepieselt. Außerdem müssen Mama, Papa, Oma oder Opa dabei sein. Das Verrichten des Geschäfts in der freien Wildbahn ist ebenfalls ausgeschlossen. Das Problem war nicht neu, und doch konzentrierte sich unsere Vorbereitung immer darauf, für die ICE-Fahrt entsprechend gewappnet und vorbereitet zu sein, denn da sind weiße Toiletten Mangelware. Das Stadion als einen möglichen Problemort hatte ich verdrängt. Wir marschierten hinter die Tribüne, wo sich die Toilettenhäuschen befanden, und trotz der Dringlichkeit beim Sohn sah ich der bevorstehenden Geschäftsverrichtung entspannt entgegen.

Wir sind nie in vollem Umfang dahintergestiegen, warum und wieso, aber er ist bekennender Sitzpinkel-Fanatiker, was mich wiederum in Anbetracht der ausschließlich vorhandenen Pissrinnen dann doch ein wenig ins Schwitzen brachte.

»Papsi, es ist dringend. Hier kann ich nicht gehen. Wir brauchen ein Sitzklo.«

Der Riffelblechboden des WC-Häuschens war vollkommen bedeckt mit einer einen halben Zentimeter hohen Pfütze aus Seiche und Matsch. Jason wippte von einem Bein aufs andere, blickte in Richtung der Edelstahlrinnen und fragte, wo denn nun die richtigen Toiletten seien. Ich versuchte ihm zu erklären, dass es hier im Norden traditionell üblich ist, in Stadien diese Stehklos zu benutzen.

Der entscheidende Fehler, denn ein Stehklo wird vom Sohn keinesfalls in Anspruch genommen. Ich hätte das Stehklo »Urinatorisierungsmaschine« nennen und eine hübsche Geschichte darum stricken müssen. Das hätte vielleicht Erfolg gehabt, schließlich geht Jason auch nie zum Friseur, ließ aber mit sechs Jahren dann doch zu, dass er zum »Schnippinator« *(Glossar 27)* geht, ein friseurähnliches Handwerk, dem in einigen Städten nachgegangen wird. Man kann seine Haare im Anschluss mitnehmen, oder sie werden für gute Zwecke verwendet, quasi recycelt. Manchmal scheitert es eben an der Begrifflichkeit.

Stehklo war keinesfalls eine Option, es blieb aber auch wenig Zeit, um das auszudiskutieren. Jason verdeutlichte die Dringlichkeit, er wippte immer unruhiger und bat mich endlich zu sagen, wo er nun Pipi machen gehen kann. Er wurde leicht panisch, was hauptsächlich daran lag, dass er spürte, wie auch ich panisch wurde. Ein letztes Mal bat ich ihn inständig, die Pieselrinne zu benutzen, es war eines dieser sehr verzweifelten Bitten mit Zuckerguss und dem Versprechen des Kaufs eines Trikots obendrauf. Keine Chance.

»Ich stehe nicht. Lös das Problem!«

Ich solle nicht mit ihm diskutieren, er würde keinesfalls im Stehen pinkeln. Dann müsse er sich eben in die Hose machen. Sein vehementes Drängen, sein verzweifelter Blick, die Tatsache, dass sich keine anderen WC-Möglichkeiten in der Nähe befanden, und seine panische Bitte, endlich dieses Problem zu lösen, denn er könne es nicht mehr einhalten, und das Wissen um seine Härte und Konsequenz sowie die Glaubwürdigkeit seiner Aussagen erhöhten den Druck auf mich ungemein.

Ich erinnerte mich an die letzte Lösung eines ähnlichen Problems in der Straßenbahn. Auch da muss er sitzen, auch dort ist Stehen keine Option, aber niemand darf neben ihm sitzen, was die Anzahl an Sitzplätzen in vollen S-und U-Bahnen doch immer immens einschränkt. Ich erfand irgendwann den selbst gebauten Stuhl, den er akzeptierte, sogar sehr mochte, der sich aber immer nur für sehr kurze Strecken aufrechterhalten ließ. Ich ging dazu in die Hocke und streckte beide Arme aus. Jason konnte sich so meist bequem auf meine Oberschenkel setzen und meine Arme als Armlehne benutzen. Ich beschrieb Jason, was wir versuchen könnten, auch wenn ich noch keine Ahnung hatte, wie das konkret funktionieren sollte, da ich mich in der Bahn immer mit dem Rücken zusätzlich irgendwo abstützen konnte. Er nickte heftig, sagte, ich solle mich beeilen, er halte es nun wirklich nicht mehr aus. Ich hockte mich vor die Edelstahl-Pullerrinne, stellte aber schnell fest, dass ich mit Armlehnen dieses Mal nicht dienen konnte, da ich mich selbst nach hinten mit den Armen abstützen musste, um nicht auf dem Boden zu sitzen. Jason kniete sich auf meine Oberschenkel und verrichtete sein Geschäft, während ich mich mit meinen Händen in der penetrant stinkenden Brühe aus Matsch und Urin abstützte und angewidert auf Jasons Schuhe starrte, von denen es nass braun-gelb auf meine Hose lief. Die beiden Herren am Ende der Pissrinne blickten mich trotz ihres arg angeheiterten Zustands fassungslos an, und ich konnte ihr Kopfschütteln nachvollziehen. Das kann man eben auf die Schnelle auch nicht erklären, aber in diesem Moment war die Alternative zum Stuhlbau am Millerntor ein Sohn mit eingenässter Hose bei widrigen Temperaturen ohne die Möglichkeit eines schnellen Hosenneukaufs. Er hätte versucht einzuhalten, bis es nicht mehr geht, und hätte es dann laufen lassen.

Es war mir egal. Vollkommen egal. In solchen Situationen weicht bei mir die meist höchstens zehnsekündige Panik schnell der realistischen Einschätzung der vorhandenen Alternativen. Hätte sich Sohnemann bei dem kalten Wetter in die Hose gepinkelt, wäre eine fette Blasenentzündung fällig gewesen, was in Anbetracht der Scham, die ein solches Debakel mitten im Stadion mit sich gebracht hätte, noch das kleinste Problem gewesen wäre. Es wäre vermutlich das Ende unserer Reisen gewesen.

»Papsi, lös das Problem – J E T Z T!«

Ein Satz, der mir Tränen, Trauer und Flüche abringt. Eigentlich geschieht dies weniger in den Momenten, wo ich den Urin der halben St.-Pauli-Nordtribüne an mir haften habe. Nicht in solchen sicherlich alles andere als angenehmen Momenten ist es schmerzhaft, denn da gibt es ja wenigstens eine Lösung, wenn auch eine nicht unbedingt angenehme. Schlimmer ist es in Situationen, die ich nicht verändern kann. Viel schlimmer. Es ist entsetzlich, ihm bei den Herausforderungen des alltäglichen Lebens nicht helfen zu können, weil der Rahmen unverrückbar vorgegeben ist.

Wenn er im Sitzen urinieren muss, mache ich es möglich, dass er im Sitzen urinieren kann.

Wenn aber in der Schule keine Mitschüler sein dürfen oder das Verhalten anderer Menschen stört und deren Freiheit eingeschränkt werden muss, damit Jason in diesem Umfeld leben, wirken und arbeiten kann, dann stoße ich an die Grenzen des Machbaren. Jason muss sich dann arrangieren, und das ist schwer.

Da hockte ich nun. Die eigene Hose voller Fremdpisse, die Hände rochen trotz mehrfacher Waschung unangenehm, und ich konnte mich nicht wirklich darüber freuen, dass meine nach Bier stinkende Jacke plötzlich mein kleinstes Problem war. Die beiden Herren schüttelten erst ihre Nudel über der Pissrinne und dann ihre Köpfe, während sie an mir vorbeigingen. Trotzdem blicke ich auf diesen Ausflug gerne zurück. All die Luden, Nerds und Freaks, der Matsch, der Modder, AC/DC statt DJ Bobo, ein Verein mit Seele, Sammelbüchsen, Blechcontainern, siffigen Klos und Cowboystiefeln. Metallica statt David Guetta,

Selbstironie auf hohem sarkastischen Niveau, Voku-
hilas, Astra Knollen, Rost und Grau, Matsch und Liebe,
kein Platz für Faschisten und vor allem ein Verein mit
Haltung und Hingabe und einem Maß an selbstver-
ständlicher Toleranz und Hilfsbereitschaft, die mich
rührte, obwohl ich ziemlich angepisst war. Welcome
to the hell of St. Pauli!

Kapitel 10

Jasons Löffelhaushalt

Wir müssen über Kraft und deren Einteilung sprechen, um zu verstehen, warum wir das tun, was wir
tun. Ich möchte mich dafür einer Theorie von Chris-
tine Miserandino bedienen, die einer Freundin damit
recht anschaulich erklärte, wie sie mit ihrer Lupus-
Krankheit *(Glossar 28)* lebt und was dies für sie Tag für
Tag bedeutet.

Ich halte dies nach wie vor für die beste Beschreibung eines Problems vieler Krankheiten und Behinderungen, welches nicht so offensichtlich ist wie für die
Gesellschaft sichtbare Einschränkungen einer körperlichen oder geistigen Behinderung oder eben einer
chronischen Krankheit, die das Leben in unterschiedlichen Feldern einschränkt.

Die Löffeltheorie geht davon aus, dass gesunden
Menschen für die Bewältigung des Alltags ein üppig
ausgestattetes Kraftreservoir zur Verfügung steht,
welches anhand von Löffeln gemessen werden kann.
Gesunde Menschen verfügen über eine schier uner-

schöpfliche Anzahl an Löffeln, und für banale oder freudebringende Tätigkeiten wird meistens nicht einmal ein ganzer Löffel an Kraft benötigt. Sollte wider Erwarten der Tagesvorrat an Löffeln nicht ausreichen, können gesunde Menschen sich vom Folgetags-Budget Löffel ausleihen. Ein bewusstes Haushalten mit der vorgegebenen Anzahl an Löffeln ist nicht vorgesehen.

Jasons Löffelvorrat ist klar budgetiert und um ein Vielfaches kleiner als meiner.

Er benötigt bereits einen dieser Löffel, um sich nach dem Aufstehen zu waschen und anzuziehen, einen weiteren Löffel verbraucht er, wenn er Schnürschuhe und Knopfhemden tragen möchte, und wenn er sich zeitlich verplant hat und seinen Tee nicht austrinken konnte, dann sind schon die ersten drei Löffel verbraucht, bevor er überhaupt in der Schule angekommen ist. Er verbraucht Löffel, um das Gewusel auf dem Schulhof zu ertragen und die langweiligen Passagen des Unterrichts zu überstehen. Außerdem kostet jede soziale Interaktion mit einem Mitschüler einen Löffel, da es ihn anstrengt zu ermitteln, ob der Klassenkamerad sich nun wirklich mit ihm austauschen möchte oder ihn nur vorführen und ärgern will.

Der Versuch, aufmerksam unsinnig-ritualisiertem Small Talk zu folgen, Ironie und Sarkasmus von ernsteren und traurigeren Aussagen zu unterscheiden, kostet weitere Löffel. Auch der strukturarme Sport-unterricht kostet einen Löffel, und die Vertretungs-stunde bei einem fremden Lehrer kostet mindestens zwei Löffel. Jasons Anzahl an Löffeln ist jedoch streng begrenzt. Er hat weniger Löffel zur Verfügung als seine Mitschüler und benötigt Extralöffel für Dinge, die ich unter Banalitäten des Alltags unterbe-wusst routiniert absolviere und abhake, ohne über die Verwendung eines Löffels überhaupt nur nachzu-denken.

Jason musste lernen, mit seinen Löffeln hauszuhal-ten. Von der begrenzten Anzahl an Löffeln musste einer als stetige Reserve für Unvorhergesehenes und Ungeplantes verwahrt werden. Die Gedankenraserei beim Einschlafen bekam er ebenfalls nur unter Ein-satz eines Löffels in den Griff. Das Abendessen, das Duschen, das Zähneputzen, kurz: Die Anzahl an Löf-feln reicht im Regelfall nicht für die Abdeckung eines vollständigen Alltags.

Der Tag durfte also nicht nur nach der Maßgabe ge-staltet werden, welche Aktivitäten Jason Spaß bereite-ten und welche notwendig waren, wie Zahnarzt oder Therapietermine. Der Tag musste hauptsächlich da-nach geplant werden, für welche Aktivität er welchen Löffel einsetzt. Die Löffelwerte sind tageseinheitlich stabil, aber der Bedarf variiert, und während die mor-gendliche Routine vor der Schule mehrere Löffel verschlingt, so kann er vielleicht trotzdem acht Stunden am Stück mit Genuss Aufzug fahren und dafür nur einen einzigen Löffel verbrauchen, während mein Nervenkostüm um Erholung bettelt.

Er bittet mich nie. Er befiehlt. »Lös mein Problem« *(Glossar 29)* ist seine Variante der höflichen Aufforderung, ihn zu unterstützen, ihm einen oder mehrere meiner Löffel zu reichen oder meine Löffel so einzusetzen, dass er zur Bewältigung einer Situation vielleicht nur einen Löffel anstatt mehrerer benötigt. Vielleicht verfügt er nicht mehr über genügend Löffel oder ist sich der Konsequenzen bewusst, wenn er so früh am Tag bereits alle seine Löffel verbraucht hat.

Ich glaube nicht, dass Jason sich darüber im Klaren ist, dass er haushalten muss. Deshalb geraten wir in Situationen, in denen ihn scheinbar unbedeutende Alltagssituationen überfordern, da er, obwohl er sie hat kommen sehen, nicht genügend Löffel parat hat. Und genau hier sehe ich unseren Job als Eltern. Wir versuchen ihm beizubringen hauszuhalten, Pausen einzuplanen, in denen man zwar keine neuen Löffel besorgen kann, man aber eben auch nicht Gefahr läuft, ungeplante Löffel zu verbrauchen. Wir schaffen den Rahmen, der Löffeleffizienz ermöglicht, und suchen nach Wegen, ihm das Haushalten zu vereinfachen, oder tragen ihn über Zeiten hinweg, wo es gilt, Löffel einzusparen.

Jason hat neulich sein Zeugnis bekommen, was durchweg aus guten Noten besteht. Er freute sich am meisten über die wunderschöne Symmetrie auf seinem Zeugnis. Es stand tatsächlich neben jedem Fach die gleiche Note.

Eine irre Leistung für unseren Sohn. Wir sind riesig stolz auf ihn.

Auch die Lehrer und Therapeuten waren im Rahmen der Interdisziplinär-Treffen vollkommen angetan von dem »lieben kleinen Kerl« und belustigten sich über die Fragen neuer Lehrer oder Vertretungslehrer, die sich wunderten, für wen denn in der Klasse die Schulassistenz überhaupt zuständig sein könnte.

Jason hatte von der ersten bis zur vierten Klasse eine persönliche Schulassistentin, die ihm zur Verfügung stand, wenn weder Mami noch Papsi Löffel anreichen konnten. Wir begleiteten dies von der ersten Minute an, mit am engsten von allen Maßnahmen, die wir zur Förderung unseres Sohnes unterstützen. Die Schulassistenz wurde von uns gebeten, zu keinem Zeitpunkt als Jasons persönliche Betreuerin aufzutreten. Die Angst vor der Stigmatisierung durch einen Mob von Sechsjährigen – und glauben Sie mir, dieser Satz wäre für mich vor einigen Jahren auch noch lustig gewesen – ist mehr als groß. Insbesondere innerhalb eines kleinen Dorfes wäre Jason mit einer persönlichen Betreuung, die im Unterricht vielleicht neben ihm sitzt, ihm die Hausaufgaben aufschreibt und ihm den Schulranzen auf den Rücken schnallt, nur um einige Löffel zu sparen, unnötig auffällig gewesen.

Wir hatten den Wunsch geäußert, die Schulassistenz möge sich wie eine zweite Lehrerin verhalten. Sie sollte überall eingreifen, wo sie es im Unterricht für notwendig hielt.

Wenn Peter und Dirk in der dritten Reihe ständig schnuddeln, könnte sie ja behutsam eingreifen und sich fünf Minuten zwischen die beiden setzen. Wenn Lara und Jaqueline im Diktat nicht hinterherkommen, könnte sie unterstützend nur bei den beiden eingreifen, und der Rest der Klasse könnte das Diktat ohne größere Unterbrechungen fortsetzen. Und wenn Jason eben verträumt anfängt, die Anzahl an »Ääääähs« in Lehrer Schmidts Unterricht zu zählen, kann sie ihn vielleicht motivieren, ein wenig am Unterricht teilzunehmen. Über Monate hinweg war es für Vertretungslehrer nie sofort klar geworden, für wen die Schulassistenz eigentlich zuständig war, weil Jason es schaffte, sich in der Schule auf den Unterricht zu konzentrieren. Ich weiß nicht, ob er dafür viele Löffel benötigte, aber die Therapeutin war schwer erstaunt und begeistert ob seiner Disziplin und Zielstrebigkeit in der Schule. Er unterdrückte in der Schule viele seiner Zwänge und überwand oder kaschierte viele seiner

Schwächen. Dies hatte ihm bis zur vierten Klasse ein angemessenes Maß an Integration in den Klassenverbund beschert.

Er ist für die einen der Laberhannes, weil er gerne mal dick aufträgt, tief in wissenschaftliche Detailthemen eintaucht und mangelndes Interesse mit Verachtung straft. Für die anderen ist er der Klugscheißer, weil er jedem in der Pause erklärt, wie man gegebenenfalls noch die Klimakatastrophe verhindern kann oder wie ein schwarzes Loch funktioniert, während die Jungs eigentlich über Fußball sprechen wollen, über den BVB oder den FC Bayern. Fan-Vielfalt gibt es in diesem Klassenverbund leider nicht.

Für andere wiederum ist er der komische Kauz, weil sie um die eine oder andere Eigenart von Jason wissen. Sie wissen halt, dass er auch im tiefsten Winter ohne Jacke, Handschuhe, Mütze oder Schal auf den Schulhof rennt, und sie bekommen auch täglich den letzten Ausraster vor Schulbeginn mit.

Jason muss den ersten Platz an der Bushaltestelle haben. Sein Schulranzen muss an erster Stelle in der Reihe sein. Ansonsten gehen zu viele Löffel drauf. Selbst im Winter stand meine Frau oftmals am Morgen bis zu 20 Minuten vor Ankunft des Busses bereits mit ihm an der Bushaltestelle, um seinen Platz zu sichern. Kamen die beiden zu spät, war er nicht der Erste, der in den Bus einstieg, dann bekam er nicht seinen

Stammplatz im Bus, und die Löffel reichten nicht für den Schulalltag aus.

An der Bushaltestelle eskalierte es dann. Er schrie, wie scheiße alle seien, und wurde abfällig, laut und aggressiv. Er beschimpfte früher auch seine Mama wüst, derb und unfair.

Sie versuchte immer zu moderieren, zu organisieren und zu schlichten oder zumindest Einhalt zu gebieten, wenn der Ranzen quer über die Straße flog. Sie erklärte nach und nach den Eltern, dass dieser Platz für Jason essenziell ist. Dass es ihm wichtig ist, Erster im Bus zu sein. Der Tag sei ansonsten schon gelaufen – der gesamte Tag! Jason ist dann kaum noch für den Schulunterricht zu gebrauchen, und der Rest des Tages wird definitiv die Hölle. Für ihn ist das schwer, weil keine Löffel mehr da sind, um Hausaufgaben zu machen, den Besuch, den die kleine Schwester hat, zu ertragen oder das Klingeln des Telefons zu akzeptieren.

Es dauerte dann ein paar Wochen, bis einige der Eltern die morgendliche Organisation mit ihren Kids anpassten. Einige gingen jetzt immer erst einige Minuten später mit ihren Kindern zum Bus, andere Eltern platzierten einfach mal ungefragt Jasons Schulranzen an der ersten Stelle in der Reihe, auch wenn er später ankam. Ich denke, eher aus Hilfsbereitschaft denn aus Angst. Wir bekamen Löffelsupport von fast fremden Menschen.

Es gab aber auch Eltern, die diese Bereitschaft zur Rücksichtnahme ihren Kindern nicht vermitteln konnten oder wollten.

Meine Frau ging also weiterhin selbst im tiefsten Winter mit Jason knappe 20 Minuten vor Busankunft schon zu der Haltestelle, die nur drei Minuten von uns daheim entfernt lag. Nur, um sicherzugehen.

Nun ja, Jason ist für Außenstehende oft der Prahlhans, der großkotzige Besserwisser, der Voll-Nerd, oder auch der hinterhältige Tyrann.

Unter dem Strich zählt der Erfolg. Er war im Klassenverbund einigermaßen integriert. Es gab sogar den einen oder anderen Mitschüler, der ihn zum Geburtstag einlud. Sicherlich oftmals als klassische Gegeneinladung zu seinem Geburtstag, den wir Jahr für Jahr völlig überdimensioniert als Event organisierten, um Jason zu erfreuen, aber auch um Mitschüler zu begeistern und vielleicht zu motivieren, öfter zu uns zu Besuch zu kommen.

Die Schulassistenz hat großartige Arbeit geleistet. Dies wurde sicherlich auch bereitwillig von der Lehrerschaft zum Vorteil genutzt, da die Schulassistentin wohl zwischendurch auch die eine oder andere Unterrichtsstunde alleine übernommen hat, aber nun gut. Das Ergebnis zählt. Und das ist großartig. Vor einigen Jahren teilte man uns mit, Jason wäre aller Voraussicht nach auf einer Regelschule nicht besonders gut aufgehoben, und nun ist er einer der stärksten Schüler auf dem Gymnasium, der seine Unterforderung und seinen Wissensdurst mit einem eigenen Projekt im Forschungszentrum auszugleichen versucht.

Jason hatte sehr früh verstanden, wie wichtig Schule und Bildung für sein späteres Leben ist. Wenn ihn mal der Ehrgeiz gepackt hat, kann er penetrant diszipliniert und zielstrebig sein, sodass mich sein schulisches Abschneiden, rein aus der Leistungsperspektive im Unterricht, nicht verwundert. Daher überrascht mich auch sein entspannter Umgang mit Gedränge und Lautstärke im Stadion nur zum Teil. Vielleicht verbraucht er für einen Besuch eines Fußballspiels mit Zuganreise, Einlassgedränge, Musikbeschallung im Stadion, Gerüchen, Gewusel und Gewirbel weniger Löffel als angenommen. Vielleicht schaffen wir es auch, im Stadion einen Rahmen zu gewährleisten, der ihn weniger anstrengt, als es ähnliche Umstände in einem anderen Umfeld täten, vielleicht funktionieren wir als gutes Team, und er weiß, wie er Zugriff auf meine Löffel erhalten kann. Ich weiß es nicht, werde es aber bestimmt irgendwann erfahren, und ich ahne auch schon, von wem.

Kapitel 11

Rollenspiele

Wie es ist, wenn Jasons Löffel nicht reichen, kann ich selbst kaum beurteilen, und Sie können sich sicher sein, dass mir diese Worte nicht leichtfallen. Wenn die Scham darüber verfliegt, wie oft ich meine Frau beruflich bedingt in absehbar problematischen Situationen mit Jason alleine gelassen habe, dann überwiegt trotzdem der Stolz über Jasons Entwicklung. Jason ist heute auch so, wie er ist, weil wir als Eltern unser Bestes gegeben haben. Wir haben viele Fehler gemacht und sind hin und wieder einem falschen Rat gefolgt. Jetzt haben wir aber einen Weg gefunden, gezielter entscheiden zu können, wann und wo Jason unsere Unterstützung benötigt und wo wir ihn führen und leiten müssen. Viel wichtiger ist aber, in welchen Momenten wir ihn sein lassen müssen, wo er sich entfalten kann, wo er sich nicht verstellen muss, wo er einfach so sein kann, wie er ist, und wo er frei entscheiden kann, was er tun oder auch lassen möchte. Und so ungewöhnlich die Diskrepanz zwischen den Dingen ist, die er sich selbst zutraut und die er aus seiner Sicht keinesfalls ohne Zutun von Mami oder Papsi schaffen würde, so ungewöhnlich sind inzwischen auch unser schräges Leben und die Verteilung der Belastung innerhalb der Familie.

Ich bin zuständig dafür, mit unserem Sohn, wenn es am Wochenende irgendwie möglich ist, in Fußball-stadien zu fahren, wo wir nette Menschen treffen dür-fen und eine Menge Spaß und kaum Sorgen haben. Ja, es passiert schon einmal, dass wir sieben oder acht Stunden am Stück in einer wunderschönen Stadt bei herrlichstem Wetter in einem Aufzug verbringen müs-sen oder ähnlichen nicht sinnvoll erscheinenden Be-schäftigungen nachgehen, aber das sieht der Sohn eben völlig anders. Die Beziehung zu meinem Sohn musste wachsen und unterlag lange sehr nachvoll-ziehbaren und sehr außergewöhnlichen Kriterien, ist aber heute sehr stabil, und in seiner Liebesliste *(Glos-sar 30)*, einer Tabelle von Menschen, die er liebt oder gerne mag, liege ich mittlerweile dauerhaft auf den vorderen Rängen. Das ist quasi mein wichtigster Ta-bellenstand.

Jason nimmt heute Fußballspiele völlig anders wahr als früher, und doch gibt es sich immer wieder ver-schiebende Schwerpunkte in seiner Betrachtung des Spiels und des Drumherums. Das ist jetzt kein allzu großes Opfer, welches ich da bringen muss. Auf den weiten Zugfahrten beschäftigt sich Jason mittlerweile selbst mit der Schreiberei und der Recherche, oder er liest ein Buch. So kann ich die Zeit nutzen und Teile meiner Arbeit erledigen. Ein normaler Arbeitstag ließe sich da immer noch in eine Tagestour mit 14 oder 15 Stunden quetschen. Mindestens fünf Tage die Woche war meine Frau aber meistens allein, und ich war nicht da, wenn Jason unter der Woche nachmittags die Löffel ausgegangen sind und seine Schwester dementsprechend daheim zu leiden hatte. Er kann ekelhaft provokant und aufrichtig gehässig sein. Es ist mühselig, ihm zu erklären, dass man so nicht mit Menschen und schon gar nicht mit seiner Schwester umgeht. Dies ist eines der Probleme, die seit Jahren daheim gewissen Schwankungen unterliegen, und wenn es mal ein paar Tage wirklich gut funktioniert, schützt uns dies nicht vor Zeiten, in denen ihm der Stress so zusetzt, dass er sowohl seine Schwester als auch seine Mami malträtiert.

Ob er diesbezüglich gefühlskalt oder gefühllos ist? Nein.

Ich kenne wenige Menschen, deren Mitgefühl eine so große Bandbreite und Tiefe hat. Das gilt zuweilen in beide Richtungen, wobei er sich insbesondere in Situationen, die Einfühlsamkeit, Höflichkeit und intuitive Reaktionen erfordern, eher ruppig, unsensibel und empathielos zeigt. Er kann intensiv mit einem gestorbenen Insekt leiden, stört sich aber eher an der seiner Meinung nach völlig übertriebenen Schreierei des Kindes, welches sich auf dem Sportplatz gerade das Fußgelenk gebrochen hat. Er differenziert und wertet im ersten Moment nicht zwischen dem Geräusch des Schreiens und dem tatsächlichen Geschehen und muss erst bewusst von mir in die Situation versetzt werden, dass er versteht, welche Schmerzen hinter einem gebrochenen Fuß für den Betroffenen stehen. Und es ist nicht so, dass ihm der Kontext von gebrochenem Fuß und Schmerzen nicht geläufig ist, aber gedanklich ist er da in den ersten Momenten mit hoher Wahrscheinlichkeit eher bei den Knochen, wie sie heißen, welche Funktion sie haben, aus welchem Baustein des Lebens sie entstanden sind. In diese Richtung ist er megaschnell. Erkläre ich ihm nach den ersten Sekunden, was dem Kind passiert ist, und frage ihn, wie er sich wohl in dem Moment verhalten würde, dann käme sicherlich ein ziemlich korrekter, selbstbehandelnder medizinischer Vorschlag von ihm, er würde aber auch tiefes Mitgefühl gegenüber dem Kind fühlen und auf seine eigene Art artikulieren.

Aus unseren Gesprächen höre ich immer wieder deutlich heraus, wie feinfühlig und sensibel, gleichzeitig aber barsch, direkt und mit offenem Visier Jason mit anderen, aber auch über andere Menschen spricht.

Situativ zeigt er höchst selten Mitgefühl. Nach außen hin präsentiert er sich da eher schroff und empathiearm. Aber ich bin mittlerweile der festen Überzeugung, dass Jason viel feinfühliger und gefühlvoller ist als alle Menschen, die ich kenne. Das bedarf manchmal mehr Informationen und für ihn ein wenig Zeit, diese zu verarbeiten und für sich recherchierend ergänzen zu können. Er hat aber auch Momente, in denen ich kopfschüttelnd und entsetzt seine Handlungen sehe oder er mir von diesen erzählt.

Er ist vor ein paar Jahren im Sommer, als er sich noch hin und wieder mit Gleichaltrigen traf, mit einem Nachbarjungen den langen Weg bis zu unserer Dorftankstelle zu Fuß gegangen. Sie wollten sich ein Eis kaufen. Es war brütend heiß, und beide hatten etwas Geld in der Tasche, was investiert werden musste. Die Jungs suchten sich ein Eis aus und gingen an die Kasse. Jason hatte sich ein üppiges Eis ausgewählt, während der Nachbarjunge sich eher für die Mittelklasse unter den verfügbaren Eisvarianten entschieden hatte. Nachdem Jason sein Eis bezahlt hatte, wurde der Nachbarjunge an der Kasse darauf hingewiesen, dass da noch fünf Cent fehlten. Ich kürze es ab. »Das ist sein Pech«, war die lapidare Aussage am Abend. Jason hat natürlich nicht von seinem Restgeld fünf Cent rausgerückt, denn es war ja sein Geld. Das kann er ja nicht jemand anderem geben und leihen schon gar nicht. Wer würde denn sicherstellen, dass er genau dieses Geldstück zurückbekommt? Jason blieb unnachgiebig, da konnte der Junge bitten und betteln, so viel er wollte. Triumphierend und belustigt erzählte er mir die Geschichte, und meine Scham zerfraß mich.

Wenn er nicht auf der provokanten Welle gegenüber der Schwester reitet, dann versucht er es über die intensive Einbindung anderer Anwesenden. Das ist in 80 Prozent der normalen Woche meine Frau. Das funktionierte friedlich, solange meine Frau mit ihm Lego baute, bastelte, puzzelte, auf den Spielplatz oder spazieren ging. Als jedoch später seine Schwester bei all den Tätigkeiten dazukam, eskalierte die Situation regelmäßig innerhalb kürzester Zeit, weil er dann nicht die 100-prozentige Aufmerksamkeit erhielt.

Wir tun ihm da vielleicht unrecht, denn wir stehen in vielen wiederkehrenden Situationen vor Rätseln, die wir auch in enger Absprache mit Jason nicht gelöst bekommen. Dies ist zumeist der Fall, wenn Jason über etwas, was wir für problematisch erachten, verächtlich hinweggeht. Er erklärt dann, sein Verhalten wäre »normal«, »gesellschaftlich wieder im Kommen« oder zumindest »in großen Teilen der Weltbevölkerung etabliert«, wenn es zum Beispiel um das bereits beschriebene Popeln in der Öffentlichkeit geht. Argumentativ ist ihm dann schwer beizukommen.

Mami muss sich mit ihm auseinandersetzen, wenn er den ganzen Tag zu Hause kaum einen Ton spricht, weil in der Schule was vorgefallen ist. Denn in der Schule, da fliegen schon einmal scharfkantige Gegenstände auf ihn, oder er wird gezwungen, den Müll auf dem gesamten Schulhof einzusammeln. Dann schaut er sich das Schulhof-Spektakel vom Klassenraum aus durchs Fenster ja auch nur an, weil man da »über die Spezies Mensch und seine sozialen Kontaktversuche lernen kann«. »Wie die sich da immer alle zum Affen machen in ihren Versuchen, sozial miteinander zu interagieren! Und dieser nutzlose Small Talk über Dinge, die einen gar nicht interessieren!«

Jason ist sehr glücklich so alleine, weil er selbst in vollem Umfang darüber bestimmen kann, womit er sich beschäftigt und wofür er seine Zeit nutzt. Wir haben da wirklich alles versucht, viel Kraft eingesetzt, Treffen mit Nachbarskindern und Klassenkameraden organisiert und moderiert, obwohl uns der Sohn oft und immer wieder darauf aufmerksam gemacht hat, dass dies nicht notwendig ist, denn er wäre gerne daheim allein. Wobei allein immer bedeutet, dass Mama sich mit ihm zu Hause beschäftigt.

Unsere Touren durch die Fußballstadien wurden irgendwann auch einfach zum optimierten Treiber, Katalysator und Motor unseres gesamten Familienlebens.

Meine Frau konnte durchatmen, wenn ich mit Jason unterwegs war. Der Alltag mit ihm ist oft zermürbend und anstrengend. Sie konnte sich dann unserer Tochter widmen, die ungeteilte Aufmerksamkeit kaum kannte. Jason wiederum tritt unsere Touren oftmals scheinbar mit einem geheimen Ersatzlöffelvorrat an, vielleicht strengt ihn das aber auch einfach wenig an. Er kann überall seine Stärken ausspielen. Er liebt es, in fremden Städten die Nahverkehrspläne zu studieren, und Zugfahrten scheinen ihm die Atmosphäre zu geben, die er für sein seltsam unausgewogenes Verhältnis aus Ruhezeiten und Phasen der Getriebenheit zu benötigen scheint. Er wirkt daheim selten richtig entspannt, immer getrieben von irgendeiner fixen Idee, in die er sich tief reinsteigert.

Da gibt es keine halben Sachen. Er scheitert dann regelmäßig an der Vielzahl an Aufgaben und Projekten, die er sich aufhalst. Aber er hat auch gelernt, zu sortieren und zu planen, auch wenn er sich beim Zeitmanagement meist gnadenlos verschätzt. Im Zug ist das anders. Vielleicht ist es diese Gewissheit, dass wir in Bewegung sind. Dass es vorwärtsgeht, aber trotzdem Ruhe ist. Man kann noch etwas machen, man kann mindestens zwei Sachen gleichzeitig machen. Man kann die Zeit nutzen. Da sind Jason und ich uns sehr ähnlich.

Ohne diese Ruhezeiten hätte meine Frau längst nicht mehr die Kraft für die Tage innerhalb der Woche und allgemein für die Zeiten, wo ich nicht da bin. Sie ist unglaublich. Ohne ihre irrsinnige Opferbereitschaft gäbe es uns heute als Familie nicht mehr. Und ohne sie hätte Jason nie die wunderbare Fortuna aus Düsseldorf zu Gast bei der TSG 1899 Hoffenheim gesehen.

Kapitel 12

Ohne Sieg ist alles nichts

Ich selbst konnte mit diesem Verein nicht viel anfangen, erwischte mich aber hin und wieder dabei, die Spielweise als durchaus attraktiv zu bewerten. Jason waren die Hintergründe eines Vereins völlig egal, und einem Team aus Hoffenheim-Hassern würde weder er noch ich sich automatisch anschließen wollen. Ich mag Hoffenheim nicht. Ich wünsche ihnen Abstieg, Insolvenz und Kreisklassenfußball, mit motzender Rentnerecke, schalem Bier und blasser Billig-Bratwurst aus dem Aldi, mit Spielen im Bammental gegen Heidelberg III. Diese Form von Zuneigung hat die TSG 1899 aber sicherlich nicht exklusiv.

Und an diesem Tag waren meine Sympathien sowieso eindeutig verteilt, denn mit Fortuna Düsseldorf war einer der spielerisch attraktivsten Vereine Europas und die vermutlich beliebteste Mannschaft der Welt zu Gast in der Sunnyside-Arena zu Hoffenheim.

Ich muss zugeben, dass ich mich bei diesem Spiel

ein wenig in den dunkelgrauen Zonen unseres Regelwerks bewegte. Ursprünglich war es Ziel, jede Mannschaft mindestens einmal zu Hause gesehen zu haben, um auch einen Eindruck von der Fankultur und der Qualität des heimatlichen Supports zu bekommen.

Der Blickwinkel aus Block F, dem Block direkt neben den Düsseldorfer Gästefans, war hervorragend. Ich hatte wohl nicht bedacht, dass man in unmittelbarer Nähe des Gästeblocks keinen fairen Eindruck der Hoffenheimer Fankultur erhalten kann, aber drauf geschissen, denn über Hoffenheim redet nach diesem Spiel sowieso niemand mehr. Die Fortuna-Fans waren von der ersten Spielminute an zu 1895 Prozent da, und der Sohn war mit seinen Augen die ersten Minuten vollständig im Treiben des Gästeblocks gefesselt. Es dauerte bis zur neunten Minute, dass er den Blick vom Fortuna-Block abwendete, um auch ein wenig das Spiel zu verfolgen, und selbst dann tat er es nur aufgrund eines Hinweises von mir.

Er war noch nie so lange am Stück vom Spiel abgelenkt. Es gab andere Zwänge, die verhinderten, ein Spiel vollständig zu sehen. Das war zum Beispiel beim Dortmunder Heimspiel gegen den VfL Wolfsburg der Fall, doch da entschied er nicht auf Grundlage höher priorisierter Interessen. Mami hatte ihm damals als Fan von Borussia Dortmund mit auf den Weg gegeben, wir sollten doch drei Punkte für den BVB mitbringen.

Für Jason ist dies ein Auftrag und keine ironische Verabschiedungsfloskel. Die Situation spannte sich nach dem Rückstand für die Dortmunder dann schnell an, weil Jason sich weigerte, das Ergebnis zu akzeptieren, sich umdrehte, auf eine Betonwand starrte und mir unmissverständlich verdeutlichte, er würde erst wieder das Spiel schauen, wenn die Schwarz-Gelben führten. Er wollte nicht ohne die drei Punkte für den BVB nach Hause fahren, nicht, weil er zum Fan der Dortmunder mutierte, sondern weil Mami ihm das ja aufgetragen hatte. Der Spielverlauf bewirkte, dass die teuren Tickets ihre Nutzung fanden, indem einer der beiden Wochenendrebellen den Großteil des Spiels mit dem wütenden Betrachten einer Betonwand verbrachte. Ein Vorfall, der uns noch ein zweites Mal in Augsburg in ähnlicher Art und Weise widerfuhr, da Jason kurzfristig beschloss, die Mannschaft seines Geburtsorts müsse heute gewinnen, da sie keinesfalls absteigen durfte.

Aber jetzt zurück nach Hoffenheim, da war das anders. Es war nicht Wut, die ihm lange Zeit die Sicht aufs Spielfeld verwehrte, sondern Faszination über die Stimmgewalt, den Rauch, das Leuchten und die Kontinuität in der ersten Viertelstunde, in der die Fortuna-Anhänger auf Basis der »Go West«-Melodie »Hurra, die Tradition ist da« sangen – eine Reaktion auf eine etwas länger zurückliegende Äußerung von Dietmar

Hopp *(Glossar 31)* zu der zukünftigen Besetzung der Fußballbundesliga. Ich roch es geradezu: Dies konnte der Tag sein, an dem die Suche in einem logischen Finale endete. Die Auflösung der »Mannschaft für Sohn-Kommission« stand unmittelbar bevor und würde einhergehen mit der Gründung der Fortunarebellen, einer knallharten, zwei Mann starken Ultra-Gruppierung, die sich dem Support der Fortuna aus Düsseldorf verschrieben hat.

Am Tag zuvor war Jason noch gesundheitlich angeschlagen, stellte aber gegenüber Mami klar, dass er auf jeden Fall nach Hoffenheim fahren würde, um Fußball zu schauen, und bevor sie jetzt lange mit ihm diskutieren würde, solle sie lieber zusehen, wie man das am besten hinbekäme. Mami koordinierte den Termin beim Arzt, schilderte ihm unser Vorhaben, und dieser unterstützte mit Tipps und Ratschlägen und empfahl eine weitere Vorstellung am Folgetag. Während ich noch beruflich unterwegs war, salbte, pflegte und schonte Mami den Sohnemann bestmöglich. Von Hühnersuppe über Kochsalzlösungen bis zu diversen Hausmittelchen, Mami fuhr das volle Programm auf, und am Folgetag konnten wir uns dann tatsächlich mit einem voll bepackten Medikamentenbeutel auf den Weg machen.

All die Hektik und Panik der letzten 24 Stunden, die Inhaliererei mit Kochsalzlösung abends, nachts, morgens, mittags, die Fahrt zum Arzt und die Menge an fiebersenkenden Säften, Salben und Lutschtabletten gegen den Husten hatte sich gelohnt – wir konnten mit dem Zug vier Stunden gen Süden fahren. Verantwortungsvoll geht anders, aber nach aller Abwägung und unter Berücksichtigung der ärztlichen Empfehlungen schien dies zu gehen, und schlimmstenfalls kämen wir in Mannheim an und würden uns dann doch einfach im Hotel ablegen, falls alles zu stressig werden sollte.

Das wäre allerdings eine Planänderung. Da muss schon mehr kommen als ein grippaler Infekt, damit Jason so eine geplante Tour oder auch jede andere Freizeitaktivität absagt oder eine Verschiebung einfach so hinnimmt oder gar akzeptiert.

Im Stadion angekommen, war er fit, im Zug hatte er sogar geruht, quasi mit geschlossenen Augen schnarchähnliche Geräusche von sich gegeben. Ich würde sogar sagen, er hat geschlafen, aber diese Passage würde er gnadenlos aus dem Buch streichen lassen, denn er schläft nie, er ruht nur. Das spielte jetzt im Stadion aber auch keine Rolle mehr. Er war gut drauf, und es war spürbar, dass dies ein ganz besonderer Tag werden konnte. Die Hoffenheimer würden bei einer Niederlage dem Abstieg kaum noch entkommen, und die Fortuna würde sich mit einem Sieg noch klarer von den Abstiegsrängen entfernen können.

Es fehlte nur eine klitzekleine Notwendigkeit. Ein Erfolgserlebnis. Ein Sieg. Am besten ein glorreicher, in Erinnerung bleibender Erfolg. Ein hoher Sieg. Ein 6:1 mit sechs Kruse-Treffern. Ein historisches Spiel mit Endstand 6:5. Ein dreckiges 1:0. Ein unverdientes 2:1. Bellinghausen mit einem Solo über den gesamten Platz, flankt auf Lambertz, Fallrückzieher, Tor. Scheißegal. Hauptsache ein Sieg. Unser Sohn hatte auch in diesem Spiel eindeutige Sympathien. Hoffenheim musste verlieren. Glücklicherweise hatte sich die Abneigung gegenüber diesem Verein wohl schon von diversen Vätern auf die Mitschüler meines Sohnes in der zweiten Klasse übertragen. Da war man Dortmund-Fan oder Bayern-Fan, der Rest war egal, aber Hoffenheim musste man zumindest unsympathisch finden. Das gehörte sich anscheinend so, und ich würde den Teufel tun und ihn heute vom Gegenteil überzeugen wollen, geschweige denn ihm eine freie Wahl lassen.

Es kam, wie es kommen musste. Roberto Firmino erzielte das 0:1, und ohne eine weitere Regung rückte Jason nach dem Treffer die Wolldecke als Sitzkissen zurecht, kniete sich auf seine Sitzschale, mit dem Rücken zum Spielfeld, und starrte auf die Treppe.

»Papsi, gib mir Bescheid, wenn Düsseldorf das 1:1 geschossen hat.«

Die Geschehnisse von Minute elf bis 80 lassen sich nur schwer wiedergeben. Zum einen, weil mir die

Worte fehlen für das, was ich auf dem Spielfeld sehen musste. Zum anderen, weil ich völlig hilflos mit ansah, wie mein Sohn teilnahmslos auf die Treppe starrte. Wieder einmal. Er wollte nichts trinken, nichts essen, er ließ sich nicht zum Schauen überreden. Ich müsste ihm auf die rechte Hand versprechen, dass Düsseldorf nicht verliert, dann würde er sich umdrehen. Na ja, Versprechen sind eben Versprechen, und dazu ließ die Leistung der Düsseldorfer Mannschaft auf dem Platz auch keinen Raum zwischen kalkulierbarem Risiko und Papa-Sohn-Beziehungs-Harakiri.

Mit welcher Seelenruhe der Ball phasenweise durch das Hoffenheimer Mittelfeld gespielt werden konnte, ohne dass sich ein Düsseldorfer daran zu stören schien, war beängstigend. Hätte ich nicht vorab die Tabelle intensiv studiert, wäre ich davon ausgegangen, dass das Spiel zumindest für die rot-weiß gekleidete Mannschaft hier und heute in der Sunset-Boulevard Arena zu Hoffenheim, keinerlei Bedeutung hat. Da blieben die entscheidenden Punkte liegen, die den späteren, unterm Strich aber vollkommen verdienten Abstieg der Düsseldorfer Fortuna hätten verhindern können.

Die unmittelbare Nähe zum Fortuna-Block zeigte dann wenigstens in der 70. Minute nochmals kurzzeitig ihre Wirkung. Die gezündeten Bengalos in der Fortuna-Kurve erregten noch einmal das Interesse meines Sohnes, der ansonsten weiterhin starr auf die Treppe sah. Ich bin bezüglich des Einsatzes von Pyrotechnik ja eher geteilter Meinung, fand aber in diesem Fall den Zeitpunkt und die Art und Weise eher unpassend. Ich hatte bei keinem der Fans, die sich quasi neben uns auf den Zaun schmissen und sich des Feuerchens erfreuten, den Eindruck, dass dies der Unterstützung der Mannschaft dienen sollte oder irgendeinem Zweck außer der Selbstdarstellung dienen könnte.

Ein komisches, unangenehmes Gefühl, aber Sohnemann fand das richtig gut. Zumindest würdigte er dem Treiben lächelnd einen mehrminütigen Blick, nachdem er zuvor eine volle Stunde den nackten Beton gemustert hatte.

Der Eckball in der 76. Minute wurde gefühlt 50 Zentimeter vor mir ausgeführt, und ich tat so, als sähe ich nicht, dass der jüngere der Wochenendrebellen in Reihe sechs sitzend ein Auge aufs Spielfeld warf. Wäre ich bis zur untersten Bande gegangen, hätte man dem Spieler Salihovic nochmal auf den Kopf tätscheln und sagen können: »Wird nix, Junge«, bevor sein Eckball dann die Vorlage zum 0:2 bot. Sohnemann konnte mit einem Auge auf den Fortuna-Block sofort erkennen, was passiert war. Ohne Regung nahm er es zunächst hin und drehte sich wieder Richtung Treppe. Frustrierend. Auch bei mir schwand nun jegliche Hoffnung, die sich vor dem 0:2 aber auch nicht gerade in wahrnehmbarer Stärke präsentierte. Ohne diesen Erfolg wird aus dem Sohnemann wohl auch kein Düsseldorfer Fortune werden, obwohl er so knapp davorstand.

Ich glaube, er bräuchte keinen Champions-League-Titel zur Findung seines Vereins, aber eine Klatsche gegen Hoffenheim und dann in dieser Art und Weise, in dieser brenzligen Situation, das war schon bitter. Es dürfte schwierig werden, ihn erneut vor einem Spiel ein wenig für eine Mannschaft dieser Paarung zu begeistern und positiv zu beeinflussen. Zumindest wenn diese Mannschaft Fortuna Düsseldorf heißt.

Kurz vor Schluss ließ ich den Tag Revue passieren und verlor mich ein wenig in Gedanken. Die Rennerei zu den Ärzten, die ruhige Zugfahrt, die für mich in der Deutlichkeit überraschende Unterlegenheit der Düsseldorfer, der Schlafmangel der letzten Tage und nun das erneute Erlebnis, zehn Stunden lang durch die Gegend zu fahren, um dem Sohn den Anblick von Betontreppen und -mauern zu ermöglichen, trugen nicht unbedingt zu einer positiven Grundstimmung bei mir bei. Ich war zutiefst frustriert.

Jason hatte sich mittlerweile auf die Treppenkante gesetzt und mir den Rücken zugedreht. Ich rückte an ihn ran, bat ihn, sich umzudrehen, und sah, dass auch er den Tränen nah war. Seine Augen glänzten und waren leicht gerötet, und meine Trauer schlug schlagartig in Rührung um. Ich war gerührt, denn vielleicht hatte er in dieser Niederlage seinen Verein gefunden und würde nun zukünftig mit mir gemeinsam leiden. Vielleicht gingen ihm die Gegentore noch viel näher als mir, und seine bevorstehenden Tränen waren nur ein Ausdruck seiner Wut und Trauer über das Ergebnis.

Als er da so saß, ganz ruhig und still, mit seinem Fortuna-Schal um den Hals, zwar mit dem Rücken zum Spielfeld, aber sichtlich gerührt, schlug meine Grundstimmung deutlich um. Ich hatte auf einmal das Bedürfnis, ihn zu trösten, was wie immer ein wenig Abstimmung bedurfte, denn einfach so drücken oder in den Arm nehmen ist grundsätzlich nicht möglich. Er saß da wie das Michelin-Männchen, seinem Zustand entsprechend im Zwiebel-Look übertrieben dick eingepackt mit Strumpfhose, Ski-Hose, Unterhemd, Longsleeve, Pullover, Trainingsjacke und fellgefüttertem Oberteil. Darüber hatte er seine im Moment völlig unpassende Jacke in Hoffenheim-Blau an, kombiniert mit dem Fortuna-Schal, der natürlich sauber ausgerichtet war, sodass man das Wappen kurz vor den Fransen gut sehen konnte. Da war ich schon sehr stolz, denn nun schienen doch die knapp 200 Euro nicht nur für das Betrachten einer Betontreppe draufgegangen zu sein, sondern konnten als Investition in die emotionale Bindung meines Sohnes zu seinem neuen Lieblingsverein gesehen werden.

Der wunderbaren Fortuna aus Düsseldorf. Gekürt im Rahmen einer vermeintlich tragischen, aber hochverdienten Niederlage. Der logischste Weg, Düsseldorf-Fan zu werden. Die Kosten für den Ausflug, mit Tickets und der notwendigen Hotelumbuchung, weil Jason nicht in dem Hotel schlafen wollte, in dem die Rezeptionistin sagte, sie drücke der TSG Hoffenheim mit ihm zusammen die Daumen, der Trubel aus der späten Anfahrt und all die Kilometer waren in diesem Moment vergessen, alles hatte nun einen Sinn. Die Suche hat ein Ende. Und dann gleich das Schönste, das sich Papa vorstellen kann.

Die Stimmung war in der Schlussphase immer noch erstaunlich gut. Die Hoffenheimer feierten den Hoffnungsschimmer, den ihre Mannschaft hier am Leben hielt, und die Düsseldorfer Fans feierten sich. Auch meine Stimmung besserte sich, denn jetzt, mit Beendigung der Suche, käme ich natürlich meinem Versprechen nach und würde Mitgliedsanträge unterschreiben, Fanklubs recherchieren und die Fahrten zu den Restspielen der Saison der Düsseldorfer organisieren. Die Abenteuer der Wochenendrebellen waren jetzt nicht zu Ende. Jetzt begannen sie.

Der Rauch der Bengalos waberte durchs Stadioneck. Weißer Rauch. Wie bei der Papstwahl. Ein bis aufs Ergebnis doch würdiger Abschluss unserer Suche. Habemus Mannschaft! Habemus Fortuna!

Es blieb wenig Zeit für die Gedanken, welches Trikot, welcher Name, welche Nummer, Zimmerumgestaltung, Dauerkarte ja oder nein? Ich wollte jetzt bei ihm sein, obwohl er ohne jeden Zweifel lieber seine Ruhe gehabt hätte. Er rieb sich die Augen. Vermutlich merkte er, wie ich ihn beobachtete, und schämte sich seiner Tränen. Es war wirklich ein bewegender Moment für mich. Ich ahnte aber nicht, wie sehr mich mein Sohn dann wirklich berühren sollte.

»Hey, Chef …«, sprach ich ihn vorsichtig an, weil er es mag, wenn ich das Faktische ausspreche und akzeptiere, sogar wörtlich sage, und weil ich ihn behutsam ansprechen wollte, denn auch aus falschem Schamgefühl heraus habe ich schon reichlich Ausraster erleben müssen.

»Hey, Chef, die steigen nicht ab. Mach dir keine Sorgen. Du brauchst nicht zu weinen. Die schaffen das noch.«

Jason sah mich recht verdutzt an und antwortete schroff:

»ICH WEINE NICHT!«

Ich dachte es mir. Es war ihm peinlich.

»Jason, alles wird gut. Du brauchst wirklich nicht zu weinen. Wir haben noch fünf Punkte Vorsprung.«

»Papsi, ich weine nicht. Der bekloppte Qualm brennt in meinen Augen. Warum sollte ich weinen?«

Er nahm den Fortuna-Schal ab, legte ihn mittig einmal zusammen und reichte ihn mir. »Ich will den nicht mehr tragen. Und ich will jetzt gehen.« Sagte es. Stand auf. Und ging. Es war die 85. Minute. Das erste Mal in meinem Leben verließ ich ein Fußballspiel vor dem Abpfiff. Die 20 Minuten Fußweg bis zur S-Bahn-Station sprachen wir kein Wort miteinander. Habemus Garnichts. Das Thema Fortuna Düsseldorf hatte sich erledigt. Daran änderte auch der vermeintlich kluge Versuch nichts, sich die Düsseldorfer Fortuna später im DFB-Pokal in der Hoffnung auf einen Kantersieg gegen die damals unterklassigen Würzburger Kickers anzuschauen.

Er ist clever, er mag außergewöhnliche Konstellationen und kann sich für den Rahmen eines Vereins, für den Gesamtauftritt, das Stadion, das Verhalten der Fans oder auch für eine Anzeigetafel begeistern, aber regelmäßig Prügel zu beziehen und Niederlagen grundsätzlich in sich häufender Form schienen ein Hindernis auf unserer Suche zu sein. Aber von welchem Verein will man denn Fan werden, wenn man mit Niederlagen nicht so oft umgehen möchte?

Kapitel 13

Haarausfall bei den Bayern

Ich sehe den FC Bayern nicht als Gegner unseres Projekts, ungefährlich ist er aber auch nicht. Gerade in Anbetracht von Jasons Abneigung gegen Niederlagen stellt dieser Verein ja eine konkrete Gefahr dar. FC-Bayern-Kaugummis, Lutschpastillen, Gewinnspiele, TV-Präsenz bis zum Erbrechen, Routine-Meisterschaften und emotionale Rathaus-Balkon-Bilder in für ihn wohltuender Regelmäßigkeit, das alles gepaart mit dem Sportunterricht, wo sich ortsunabhängig die meisten Schüler mit Bayern-Trikots präsentieren – da haben Kinder doch gar keine faire Chance mehr, sich für einen Verein zu entscheiden.

Unser gesamter Fußballkonsum fand bisher ausschließlich im Stadion statt. Selbst die großen Turniere der Nationalmannschaft gehörten bei uns nicht zwingend zum TV-Pflichtprogramm. Das war gleich doppelt von Vorteil. Man musste sich nicht ständig mit dem neuen Trikot oder der Maske beschäftigen, die Torschütze A im vergangenen Spiel für Firma B werbewirksam vorm Torjubel aufsetzte, und man bekam nur noch nach Vollzug mit, dass Spieler C, der eben noch innig das Wappen von Verein D auf seinem Trikot küsste, nun bereits für Verein E auflief. Wir konnten uns vielen Fußballranderscheinungen oftmals gut entziehen, auch wenn die ausgereizte Kommerzialisierung in vielen Stadien spürbar war.

Wir besuchten die Bayern in der Champions League gegen Juventus Turin. Es war grauenhaft für mich, denn die Stimmung beziehungsweise die Lautstärke, die die Heimfans erzeugten, übertraf unsere meisten bisherigen Erlebnisse, auch wenn es sicherlich im Rahmen der Atmosphäre der Champions League mit über 60 000 Menschen gegen einen international renommierten Gegner etwas einfacher ist, Stimmung zu schaffen, als für die Meckerecke und die 150 weiteren Besucher und Anhänger des Berliner AK daheim gegen Radebeul Süd.

Jason zitterte zusammengekrampft den gesamten Weg von der U-Bahn-Station bis zur hell erleuchteten Sportstätte, die wir zwar an einem späten Nachmittag bereits in Blau leuchten sahen, die aber am späten, dunklen Abend in Rot um ein Vielfaches imposanter erschien.

Er ging nicht, er stelzte vor Anspannung in Richtung Arena, und ich hatte keine Idee, wie sich eine proportional ansteigende Anspannung durch die Atmosphäre im Stadion dann noch steigern sollte. Zu meiner Überraschung war dies einfacher als gedacht. Jason nahm die Unterstützung der Mannschaft wenig wahr, vielleicht saßen wir aber auch einfach zu weit weg, aber bis auf die Momente des Torjubels ging die Geräuschkulisse fast ausschließlich von der Tribüne gegenüber aus, wo der harte Kern der Bayern-Fans einen souveränen Sieg feierte.

Der Sohn klatschpappte. Auf allen Sitzplätzen lag dieser leicht faltbare, niedere Instinkte ansprechende phonetische Stadionhöllenerzeuger. Ich denke, es gibt kein grausameres Geräusch als monotones Geklatschpappe von mehreren Tausend Menschen. Der Sohn liebte es. Er liebte es so sehr, dass er auch klatschpappte, wenn niemand klatschpappte.

Eine unerwartete Nervenprobe für unsere Sitznachbarn neben und hinter uns. Glücklicherweise waren die mit den Leistungen des Schiedsrichters beschäftigt, wodurch der Sohn die Beschimpfung »Blutiger Sauhund« aufschnappte.

Zumindest habe ich es ihm so übersetzt. Ehrlich gesagt, weiß ich nicht, was der gute Herr genau gerufen hat, denn er sprach, wie um uns herum an diesem Abend üblich, frei von Konsonanten. Für mich klang es wie »Sauhund, Bluadiger« mit stummem »d«. Blutiger Sauhund schien mir für Jason eine adäquate und vor allem aktuell ausreichende Übersetzung zu sein.

Sprache ist im Stadion wichtig. Bei Trainern gilt es als verpönt, trotz des Drucks der eigenen Job-Existenz emotional die Kontrolle zu verlieren, aber unter echten Fußballfans gehört es oftmals dazu, die Grenzen eines gesunden Maßes an Anstand zu verlassen und Schiedsrichter, Gegner oder auch eigene Spieler aufs Übelste zu beschimpfen oder ihnen zumindest, auf über 100 Meter Entfernung, bei Getöse und über 100 Dezibel Lärmpegel, deutlich die Meinung zu sagen.

Dies erforderte im Umgang mit einem sechs- oder siebenjährigen Jungen, der die extreme Wortwahl im Stadion durchaus goutierte, ein gewisses Maß an Aufklärung und Übersetzungsflexibilität. Eine Zeit lang funktionierte dies ganz gut. So lernte Jason auch mal was von mir. Der Schiedsrichter Wolfgang Stark zum Beispiel ist der Sohn eines berühmten Uhrmachers, und deswegen beschimpfen ihn eben viele Fans, wenn sie mit seinen Entscheidungen nicht einverstanden sind, lautstark als Uhrensohn. Bei Dietmar Hopp greifen viele Fans gerne auf eine alte Redewendung zurück. Gemäß dem längst vergessenen Sprichwort »eine Fuhre Hohn ernten« sangen die Dortmunder Borussen in der FSK-6-Version: »Dietmar, heut gibt's Hohn eine Fuhre« und eben nichts im Kontext von Müttern im horizontalen Gewerbe. Heute sieht das anders aus. Jason kennt mehr Schimpfwörter als ich und wertet sie ein wenig anders. Eine Vertuschung von Tiraden macht wenig Sinn. Wir nehmen problematische Äußerungen heute viel lieber als Anlass zur späteren Diskussion, aber problematische Äußerungen sind sicherlich kein exklusives Problem von Bayern-Fans.

Mit dem FC Bayern erlebten wir dann doch zahlreiche amüsante Abenteuer außerhalb des Klatschpapp-Massakers gegen Juventus.

Jason war mittlerweile stadionerfahren, und jeder Besuch ging mit klaren Vorstellungen des zu erwartenden Ablaufs einher. Ticketeinlass, Sicherheitskontrolle, Platzeinnahme, Halbzeitsnack und der Kauf oder die Mitnahme einer Erinnerung.

Er hatte in der Vergangenheit ein gewisses Maß an Sympathie für die FC-Bayern-Amateure entwickelt, die er bereits mehrfach und unter anderem auch bei einem entscheidenden Spiel um die Bayerische Meisterschaft begleitete. Im Grünwalder Stadion ist wie in vielen anderen Stadien unterhalb der Zweiten Liga die Bewegungsfreiheit deutlich größer. Erhielten wir in Dortmund unseren schuhkartongroßen Stehplatz zugewiesen, so konnte man sich hier komplett frei entfalten, die Sitzplätze und somit auch die Perspektive wechseln. Jasons Zuneigung den Bayern Amateuren gegenüber wurde geprägt von einer intensiven Verbindung zur Stadt München.

Wir wohnten eine Weile dort, und Jason mochte die Stadt sehr. Gepaart mit der Möglichkeit, bei Spielen der Bayern Amateure unbedrängt in einen Bereich zu gehen, in dem die Stimmung durchaus beachtlich ist, oder auch mitten im Spiel einen ruhigeren Platz im Stadion aufsuchen zu können, gefiel ihm. Im Stadion an der Grünwalder Straße entdeckte er seine Leidenschaft für ungewöhnliche oder altertümliche Anzeigetafeln. Im Grünwalder supportete er das erste Mal eine Mannschaft gemeinsam mit den anwesenden Anhängern, ohne das Ziel, mich zu provozieren. Er wurde ein wenig von der Stimmung eingesogen, und als dann die Spieler nach Schlusspfiff zu den Zuschauern an den Zaun gingen und die Fans die Spieler baten: »Auf den Zaun! Auf den Zaun! Auf den Zaun!«, da fühlte Jason sich angesprochen und kletterte selbst auf den Zaun.

Vielleicht entspricht es der Logik unserer Unternehmung, dass er nur wenige Wochen später im Kölner Südstadion stand, um im Fortuna-Köln-Trikot mit seinen Bayern zu fiebern. Er mochte das alte Jugendtrikot, welches gegen eine Spende vor dem Relegations-Hinspiel hinter dem Stadion abgeholt werden konnte. Dabei sah er die durch Kleidung gezeigte Verbindung zu einem Verein, wenn er mir nicht mal wieder einen Düsseldorf-Schal vor die Füße schmiss, relativ entspannt.

Ich war froh, dass er so entspannt war, denn ich hatte sowohl bei der Anfahrt als auch im Stadion mit mir selbst zu kämpfen. Ich verlor Haare und wusste nicht, warum. Immer wieder entdeckte ich kleine Büschel Haare an meiner Jacke, an meiner Hose und auf meinem Arm.

Umso glücklicher war ich, dass Jason mittlerweile auch Pinkelrinnen in Stadien als umweltschonendere Alternative zum normalen WC akzeptierte und mir diesbezüglich kein weiterer Ärger ins Haus stand. Er änderte nun immer mal wieder seine Einstellung zu kleineren Punkten und erklärte mir dann die Hintergründe. Das war sehr spannend für mich, weil ich damit auch manchmal den Grund für ein Problem erfuhr, seine Sichtweise nach und nach erlernte und feststellen musste, wie logisch doch manchmal seine Handlungen waren. Sein erster Gang auf ein WC im Zug war auf einer alten Zugtoilette, bei der sich noch die Abflussklappe öffnet und man das Geräusch der ratternden Schienen laut und deutlich wahrnimmt. Die Angst, von dieser Metalltoilette eingesaugt zu werden, war der ursprüngliche Auslöser, dass Jason, auf Nummer sicher gehend, den Gang auf alle Metall-WCs verweigerte. Erst als sich unter dem Aspekt des Wasserverbrauchs und der Konsequenzen für die Umwelt sein Blick auf diesen kleinen Teil des Alltags veränderte, nutzte er wie selbstverständlich die Pinkelrinnen oder Urinale und schiffte auch relativ hemmungslos in Sandhausen im Bahntunnel in die Ecke. Der Umwelt zuliebe.

Nur sehr wenige außergewöhnliche und völlig irrsinnige Besonderheiten haben seit mehr als sechs oder sieben Jahren Bestand. Vieles hat sich verlagert, intensiviert oder auch relativiert. Der Gang zum Friseur hat sich seitdem nicht verändert. Er geht nicht zum Friseur. Was Mami bis zum dritten oder vierten Lebensjahr nachts, während er schlief, erledigte, übernahmen im Alter von vier Jahren die Schnippinatoren *(Glossar 27)*. Speziell ausgebildete Mitarbeiter, die in friseurähnlichen Geschäften arbeiten, die aber im Gegensatz zum Friseur keinesfalls mit der Schere Bestandteile seines Körpers abschneiden. Das war nämlich eines seiner Probleme im Umgang mit der Thematik Haare und Fingernägel schneiden.

Eine nachhaltige, bis heute stabile Lösung erhielten wir durch eine Haarschneidemaschine, eine einfühlsame Schnippinatorin, einen abgehängten Spiegel und die spezielle Lasertechnik dieser Maschinen, die die Haare nicht einfach nur abschneiden.

Bedingung für den Besuch eines Schnippinators war eine Zeit lang lediglich, dass wir die Haare mitnehmen, in Beuteln mit Datum versiegeln und aufbewahren mussten. Gemeinsam mit den zerbrochenen Gläsern, Schmierzetteln, wichtigen Werbeprospekten, defektem Kinderspielzeug und Steinen. Alles musste aufgehoben werden, insbesondere sein Eigentum. Eine Zeit lang sammelten wir auch Schneeskulpturen und vielerlei anderen Müll, und es füllte sich unser Devotionalien-Lager, und die Tiefkühltruhe diente auch nicht mehr ausschließlich nur zur Bevorratung von Speisen.

Ich war froh, dass diese Zeiten der Vergangenheit angehörten. Die Schnippinatoren gab es noch, aber die peinliche Bitte, alle Haare einzupacken, bleibt mir mittlerweile erspart.

Der Sohn sorgt inzwischen selbst vor, aber das wurde mir erst auf der Rückfahrt aus Köln bewusst. Mein Haarausfall erklärte sich, als Jason stolz seine beim Friseur gesicherten Haare präsentierte, die er während des Schnitts immer wieder heimlich in die Hosentasche steckte. Er lachte herzhaft, als ich ihm von meinen Sorgen rund um meinen Haarausfall erzählte, und verstand, dass er die Situation herbeigeführt hatte. Immer wieder klebten nach dem Kramen in der Hosentasche einzelne Haarbüschel an seiner Hand und landeten auf meiner Jacke, auf meiner Hose oder auf meinem Sitz im Zug.

Ein sehr schöner Ausflug, dem auch ein eher lahmes Spiel und ein knapper Sieg von Fortuna Köln nichts anhaben konnte.

Ich verbinde viele schöne Erlebnisse mit den Besuchen bei den Bayern Amateuren, und selbst die Begründung des Sohnes, warum er das Rückspiel in München nicht anschauen wollte, blieb zunächst positiv in Erinnerung.

Er versuchte sich mittlerweile selbst im aktiven Fußball. In behutsamen Schritten, zunächst als körperlich massiv überlegener und zwei Jahre älterer Spieler der Bambini-Mannschaft an das Thema aktiver Fußball im Verein herangeführt, spielte Jason nun auch in der F-Jugend mit mäßigem sportlichen Erfolg, über den wir gerne und mit einem strahlenden Grinsen hinwegsahen. Es tat gut, Jason mal mit Gleichaltrigen zu sehen, auch wenn er sich mehr auf das Beschimpfen der Fehler machenden Mitspieler konzentrierte.

Ich hatte die Hoffnung, er würde dort Anknüpfungspunkte finden. Fußball verbindet, heißt es doch immer, und ich würde das trotz allem wohl weiter unterschreiben. Leider ging seine aktive Fußball-Karriere nicht über drei Spiele hinaus. Seine ruppige, barsche Art und das Zusammenstauchen des Torwarts bei jedem Gegentor, und davon gab es reichlich, hatte viele Tränen fließen lassen. Die Mannschaft machte vor dem Spiel einen Kreis, wo sie sich gegenseitig ihre Arme auf die Schultern legten. Das Problem war weniger, dass der Trainer bereit war, Jason mittig oder außerhalb des Kreises zu platzieren, sondern eher für Jason die unangenehme Situation, in der Gruppe dann doch wieder eine Ausnahme bilden zu müssen. Jason wollte eine Pause vom aktiven Fußball. Diese Phase dauert nun bereits vier Jahre an, und es gibt nur einen einzigen Menschen, der darüber entscheidet, ob sie jemals wieder endet.

Jason ist heute vielfältig interessiert. Wissenschaftliche Themen haben im Selbststudium Vorrang, aber alle Interessen sind klar gruppiert, haben einen zeitlich von ihm definierten Rahmen oder müssen mit klaren Zielsetzungen einhergehen. Er mag halt nicht einfach bloggen, sondern muss mit sich vereinbaren, wie viele Texte zu welchem Thema er sich Woche für Woche oder Monat für Monat erarbeiten möchte. Da plant er meist zeitraubend, zieht es dann aber konsequent durch. Dadurch hat er sich mittlerweile neben der Schule ein Netz aus Interessen gesponnen, die er für sich ziemlich selbstständig organisiert. Er geht regelmäßig ins SFN Forschungszentrum *(Glossar 32)*, um an seinem Projekt zu arbeiten, und das, obwohl es eben keine festen Teilnahmezeiten gibt. Er selbst muss sich die Zeit für sein Projekt organisieren und sich gegebenenfalls Hilfe aus den anderen, durchweg etwas älteren Forschungsteams holen.

Das Forschungszentrum ist ein Glücksfall. Eigentlich ist meine Frau dorthin gefahren, um ihn für den Physik-Kids-Klub anzumelden. In der wöchentlichen Autismus-Therapiestunde hatte er diese Idee gemeinsam mit seiner Therapeutin erarbeitet. Er wehrte sich gegen die Teilnahme an einem Klub für Kinder, aber die Neugier, was man in einem Forschungszentrum so macht, überwog. Bei der Anmeldung übernahm Jason dann die Initiative und erklärte dem Leiter des Forschungszentrums, dass er den Kinderklub für keine gute Idee hielt, er an sich einen höheren Anspruch hätte und in einem Team auch nicht so sehr gut funktionieren werde. Außerdem hätte er erhebliche Zweifel, dass man sich im Kinderklub für Quantenmechanik interessiert. Das Gespräch dauerte nicht sehr lange, denn auf die erste Nachfrage des Leiters, was Jason denn über Quantenmechanik so wisse, leitete dieser einen mehrminütigen Monolog über Schrödingers Katze *(Glossar 33)*, das Pauli-Prinzip *(Glossar 34)*, die Superposition der Quanten *(Glossar 35)* und weitere quantenphysikalische Phänomene ein. Der Leiter unterbrach ihn, weil er wohl befürchtete, Jason habe einen Text zu den Themen auswendig gelernt, und ich konnte diese Vermutung gut nachvollziehen, weil Jason über viele wissenschaftliche Themen beeindruckend flüssig und frei reden kann.

Nachdem er ihm dann aber noch zwei Querfragen zur Quantenverschränkung stellte und Jason auch diese mühelos mehrminütig abarbeitete, erhielt Jason sein eigenes Forschungsprojekt. Ein Riesenschritt für seine Selbstständigkeit. Er hat kein festes Team, sondern muss bei notwendigen Zuarbeiten Mitglieder aus anderen Teams um Unterstützung bitten. Einmal die Woche fährt er dorthin, arbeitet mehrere Stunden an seinem Projekt zur Erzeugung chaotischer Systeme. Klingt wie ein Untertitel unserer Erlebnisse, ist aber zumindest schon einmal so anspruchsvoll, dass ich nicht konkret erklären kann, worum es geht.

Unsere Stadiontouren stellen im Rahmen seiner persönlichen Wochenplanung einen wesentlichen Bestandteil dar. Er hat ein Maß an Flexibilität entwickelt, das es nicht notwendig macht, alle zwei Wochen oder einmal im Monat ins Stadion zu fahren, sofern ich ihm verspreche, dass wir weiter unterwegs sein werden und auf niedrige Spielbesuchstaktung dann eben auch mal wieder Doppelspieltage folgen. Unsere Reisen haben für ihn eine enorme Wichtigkeit. Was sich aber verändert hat, ist seine Flexibilität im Umgang mit den Touren selbst. Er registriert in jedem Stadion und im Stadionumfeld so viele kleine Details, dass er bei jedem Spiel riesig Spaß hat, auch wenn sein Fanherz nicht mitschlägt. Zudem lernt er eine Menge neuer und spannender Dinge. Dazu braucht er keine Champions-League-Hymne, keinen eskalierenden Stadionsprecher, keine Weltstars am Ball und zum Glück auch keine Klatschpappen. Was aber jedes Kind braucht, und wir nicht nur zur Bewerkstelligung unserer Touren, ist eine Champions-League-Mama.

Kapitel 14

Abwehrchefin und Dribbelkönigin

Wenn wir über die Champions League sprechen, müssen wir über Jasons Mama sprechen.

Es spielte in der Vergangenheit kaum eine Rolle, ob ich die Nacht zuvor erst spät heimgekehrt war oder sie wieder einmal einen Großteil der Woche ohne meine Unterstützung klarkommen musste. Der Tagesablauf meiner Frau ist seit über zehn Jahren recht identisch. Meistens steht sie gegen halb sechs auf, um die morgendlichen Rituale für Jason vorzubereiten und um wenigstens ein paar Minuten in die eigene Körperpflege investieren zu können. Dann folgen Toilettengang, Tasche packen, Schulweg, Haushalt, Mittagessen, Schularbeiten und Beschäftigungsprogramm für den Sohn. Der gesamte Tagesablauf endet in Glücksfällen gegen 21.00 Uhr und lässt keinen Spielraum für persönliche Bedürfnisse. Beklagt hat sie sich nie.

Irgendwann kommt »Superdad« nach Hause, schnappt sich den Sohn und düst mit ihm durch die Gegend, erkundet Stadien, hat Spaß und lebt nach den

Regeln des Sohnes. Die Tochter kommt dabei zu kurz. Die Frau sowieso. In Extremfällen tauschen wir am Bahnhof meine Arbeitstasche gegen den Sohn, um den engen Wochenendrebellenzeitplan einhalten zu können. Sie hat dann mal zehn bis 20 Stunden für »sich«, um Bügelwäscheberge zu bekämpfen, Fenster zu putzen oder den Garten in Ordnung zu halten. Nebenbei koordiniert sie die Therapietermine, hält einen engen Kontakt zu den Lehrern, organisiert die sehr hilfreichen Interdisziplinär-Treffen und rennt von Behörde zu Behörde, von Ergotherapie zur Frühförderung und wieder zurück, um irgendjemandem zum fünfzigsten Mal zu erklären, warum die Belastung in unserer selbst geschaffenen Lebenssituation chronisch die Grenzen überschreitet.

Meine Frau traf noch nie Entscheidungen auf Basis des Aufwands oder der vielleicht nachteiligen Konsequenzen für sich. Hätte sie das getan, wären wir heute nicht verheiratet. Eine christlich-muslimische Beziehung ist im Regelfall für die beiden Hauptprotagonisten keine besondere Herausforderung. Das persönliche Umfeld ist jedoch schon in der Lage, sich liebenden Menschen den einen oder anderen Stein in den Weg zu legen.

Meine Frau kann trotz ihrer zierlichen Gestalt zur Dampfwalze werden. Ihre Beharrlichkeit, ihre Aufopferungsbereitschaft, ihr Verständnis, ihre Geradlinigkeit, ihre Einsatzbereitschaft und Konsequenz haben unsere Beziehung unlösbar zusammenzementiert. Nur so gelang es uns, die Herausforderungen mit unserem Sohn zu meistern und viele Probleme des Alltags mit einem müden Lächeln beiseitezuschieben.

Sie gibt all ihre Kraft in jede Maßnahme, die Jason und auch Menschen, denen wir vertrauen, für einen richtigen Schritt halten. Das fordert sie in einer Intensität, dass es für die zusätzliche Beschäftigung einer Vollzeitkraft reichen würde. Trotzdem bewahrt sie die Ruhe, schmeißt keine Messer, bestellt kein Zyankali und besorgt sich keine Schusswaffe, wenn der Gatte nach Hause kommt und motzt, weil es in der Arbeit wieder ein Problem gab, was er, freundlich wie er ist, gerne mit nach Hause bringt.

Hoffenheim, Sie erinnern sich? Den kranken Sohn in der Nacht von Donnerstag auf Freitag in einen so fitten Zustand zu bekommen, dass man eine Reise Richtung Heidelberg antreten kann, war eine moralische Meisterleistung. Ähnliche Prozesse wie in besagter Nacht werden sonst vermutlich nur bei der medizinischen Abteilung des FC Bayern in Gang gesetzt. Sie senkte das Fieber mit Wadenwickeln, ließ den Sohn alle zwei Stunden inhalieren, bereitete Hühnersuppe zu, koordinierte die notwendige medizinische Unterstützung und holte die finale ärztliche Freigabe ein. Zu jedem Zeitpunkt stimmte sie mit Jason ab, was getan werden musste und welche Konsequenzen zum Beispiel eine ärztliche Absage hätte.

Warum? Um es ihm möglich zu machen, ins Fußballstadion zu fahren, denn geänderte Pläne führen zur Eskalation, und um transparent gegenüber unserem Sohn zu handeln. Es ist für ihn von hoher Bedeutung, Zusammenhänge zu verstehen, den Kontext von Aussagen zu erfahren und das Grundprinzip von Ursache und Wirkung zu erkennen. Und das quasi bei jeder Handlung, jedem Ausspruch und jedem Geschehen um ihn herum. Es gibt unzählige Beispiele, die zeigen, was es heißt, eine Supermum zu sein. Sie ist unfassbar stark.

Aber vielleicht müssen wir Männer uns auch eingestehen, dass Frauen so sind. In Situationen, wo Männer vielleicht anfangen zu klagen oder weinerlich wirken, sind Frauen manchmal wie Maschinen. Schon kurz nach der Geburt des Sohnes war ich erstaunt, wie sensibel meine Frau nachts auf kleinste Huster des Nachwuchses reagierte und wie diszipliniert sie über Tage und Wochen nachts mehrere Male aufstehen, stillen und sich wieder hinlegen konnte. Wie sie über die ersten Monate einfach funktionierte, ohne zu klagen – faszinierend. Während man selbst darüber jammert, man fühle sich so gerädert, nur weil man beim sechsten Aufwachen des Kindes selbst wach geworden war und so der Schlaf um wenige

Sekunden unsanft unterbrochen wurde – sie wuppte alles weg.

Die Belastung aber nagte an der Substanz, und wenn sie manchmal im Bezug auf ihren besonderen Sohn sagt, sie könne ihn an die Wand klatschen, dann weiß er auch, dass dies mehr ist als die oft dahingesagte Floskel, und er weiß auch, wie schlecht es ihr später damit geht, dass sie in dem Moment so einen intensiven Hass verspürt. Dabei hasst sie ihren Sohn nicht wirklich, aber der Autist in ihm tanzt auf ihrem Nervenkostüm herum.

Und trotzdem schämt sie sich später für ihre Gedanken. Das Gespräch mit meiner Frau, die Angst vor sich selbst hatte, weil die Sorge wuchs, aus dem Reflex heraus, völlig gegen ihre Natur, die Nerven zu verlieren und Jason gegenüber handgreiflich zu werden, war ein längst überfälliger Schuss vor den Bug – meinen Bug. Ich musste den Unterschied zwischen dem Wochenendrebell und dem Aushilfspapa nicht nur begreifen, sondern die Rahmenbedingungen nachhaltig verbessern und meine Frau endlich mehr entlasten. Unsere Touren alleine reichten dafür nicht mehr.

Die Selbstverständlichkeit, mit der ich sie die Overloads *(Glossar 36)* unseres Sohnes immer und immer wieder alleine habe bewältigen lassen, beschämt mich noch heute. Sie musste so vieles ertragen, durchstehen, über sich ergehen lassen, denn jede Reaktion in

Momenten der Eskalation erzeugt noch stärkere Aggression. In diesen Momenten ist der Sohn nicht zu stoppen.

Ohne jegliche Anerkennung oder aktiv körperlich gezeigte Zuneigung des Sohnes entwickelte sie ein Gespür für Jasons Empfindungen, sodass auch ich von ihr lernte. Selbst im dicksten Clinch, wenn Jason unvermittelt die Fäkalwörter-Kalaschnikow auspackt, wenn er mir einfach mit hasserfülltem Blick Schlechtes wünscht oder mich nüchtern-trocken anstarrt und sagt, ich solle am besten für immer verschwinden, wissen wir, dass unser Sohn uns über alles liebt.

Während ich aus dem Umfeld das Lob für die tollen Touren einheimse, die ich mit dem Sohnemann unternehme, gerät oft in Vergessenheit, dass ich nur den Rahm abschöpfe.

Ich sah meinen Sohn in den letzten Jahren in vielen Monaten oft nur an freien Tagen, und die kamen nicht zwingend regelmäßig und nicht in allzu großer Häufigkeit vor. Jasons Verhalten ist mir gegenüber dann schon vor Beginn einer geplanten Reise eher friedvoll und sachlich. Er hat mich zu sehr vermisst, um aggressiv zu sein, oder ist vielleicht einfach durch die Vorfreude auf eines unserer Abenteuer deutlich ruhiger als normal. Außerdem gab es mit Sicherheit innerhalb der Woche genügend Auseinandersetzungen mit Mami, bei denen er eine ganze Menge Aggression verpulvert hatte. Seine Mutter war, aus seinem Blickwinkel heraus, quasi für jedes entstehende Problem im Alltag verantwortlich, ja meist sogar die Ursache des Problems.

Meine Frau ist diejenige, die das volle Paket genießen darf, wenn Jason gegen Mittag aus der Schule kommt, der Schulranzen in die Ecke fliegt und Alarmstimmung herrscht. Wir, und auch die pädagogische Betreuung, die uns zur Seite gestellt ist, gehen mittlerweile davon aus, dass er die Schule als höchst wichtige und ernst zu nehmende Stelle akzeptiert, dass ihn aber der Schulalltag außerhalb des Unterrichts so sehr fordert, dass er Mühe hat, seine Überforderung zu managen, und so über Stunden hinweg Belastungen in sich hineinfrisst. Daheim in vertrauter Atmosphäre kann er dann endlich den Druck loswerden. Das Heimkommen ist für ihn die notwendige Erleichterung.

Das wird sie nicht gerne als Kompliment hören, aber meine Frau ist ein Tier. Ich habe nie einen so selbstlosen und disziplinierten Menschen getroffen. Sie hat mir beigebracht, was alleine mit Willenskraft zu erreichen ist, und regt mich zum Nachdenken an, sie fordert mich, sie verabscheut mich manchmal, sie liebt mich über alles und sie erdet mich. Sie ist mein Moralbarometer mit einer sehr fein justierten Skala, das in der Lage ist, mich einzuordnen, mein Verhalten, mein Auftreten und meine Entscheidungen auch hintergründig zu verstehen, ohne große Erklärungen zu benötigen.

Sie ist die beste Frau der Welt. Sie gibt die Taktik der Wochenendrebellen vor, ist die Pferdelunge im Mittelfeld, wehrt gegnerische Angriffe ab, hält den Kasten sauber und verwandelt vorne die wichtigen Dinger.

Ihre Fähigkeit, ein so großes Maß an Geduld, Power und Selbstlosigkeit aufzubringen und ihr ganzes Leben wirklich in den Dienst der Kinder zu stellen, hat mehr Aufmerksamkeit verdient als nur dieses eine Kapitel. Man kann ihr wirklich nur vorwerfen, einen ihr gegenüber nicht sehr aufmerksamen und unsensiblen Mann geheiratet zu haben, dem sie früher hätte die Leviten lesen müssen.

Es war meine Tochter, die diesen Job übernahm und mich darauf aufmerksam machte, dass wir etwas verändern mussten. Rückblickend erstaunlich weise für ein fünfjähriges Mädchen. Sie fragte meine Frau in einer Phase, in der es beruflich wieder einmal hoch herging, ob es mich noch gäbe. Sie fragte dies nicht trotzig oder sarkastisch, wohl wissend, dass es ihrem Dad gut ging und er einfach nur mal wieder einige Tage nicht zu Hause war, sondern traurig, weil die dienstlichen Reisen auch länger waren als üblich. Ihre Direktheit saß und verfehlte ihre Wirkung nicht. »Ist Papa tot?«, fragte sie meine Frau abends im Bett.

Es war der Zeitpunkt, als ich begriff, dass ich akut zum Handeln gezwungen war, meine berufliche Situation verändern musste, um mein Versagen doch noch geradeziehen zu können. Der Moment, als meine Frau mir die Aussage meiner Tochter am Telefon schilderte, ist wohl der Frust-Scham-Verzweiflungs-Peak meines gesamten Lebens.

Für den überproportional großen Anteil meiner Frau an der Erziehung unserer Kinder kann ich nicht ausreichend Worte finden, aber wir hatten als Familie längst ein Level erreicht, wo ich meinen Teil der Verantwortung als Vater und Ehemann nicht mehr in ausreichendem Maß einbringen konnte. Es fehlte einfach die Zeit.

Mit dem Sohn war ich verbunden, auch wenn dies hauptsächlich über unsere Touren geschah, wir aber immer öfter auch ähnliche Denkmuster feststellten. Mit meiner Tochter gab es keine Basis, kein Fundament für eine Beziehung, die dieser wunderbaren kleinen Lady würdig wäre oder zumindest den Mindestrahmen einer Vater-Tochter-Beziehung umfasste. Die gesamte Woche drehte sich alles um unseren Sohn. Er hatte seine wöchentlichen Termine im Autismus-Zentrum, im Gitarrenkurs, im Forschungszentrum und oftmals bis nachmittags Unterricht. Da blieb nicht viel Zeit für die Freizeitbeschäftigung der Tochter, geschweige denn die Betreuung des Besuchs einer Kindergartenfreundin, außer der Sohn erteilte die dafür notwendige Freigabe. Meine Frau war und ist es auch hier, die sich mit aller Kraft gegen diesen Zustand stemmt.

Jede freie Minute, die sie mit unserer Tochter verbringt, müsste eigentlich Zeit sein, die sie in die eigene Erholung investiert. Der Alltag mit unserem Sohn, der abgesehen von der Schulzeit und der Zeit, in der er schläft, die volle Aufmerksamkeit benötigt, ist anstrengend. Eine Beziehung, in der wir quasi als getrennt Erziehende leben, ist für alle nicht förderlich.

Ja, Kinder sind grundsätzlich kein Zuckerschlecken, aber Jason muss beschäftigt werden, und das täglich, von der Rückkehr aus der Schule bis zum Zu-Bett-Gehen. Es ist eher selten, dass er sich mal ein Buch schnappt und einfach eine Stunde liest. Daheim ist er allein, rastlos und hilflos. Meine Frau gibt ihm die maximal mögliche Zeit, was wiederum funktioniert, weil unsere Tochter gelernt hat, sich mit einem Malbuch zurückzuziehen, wenn es für sie zu anstrengend wird. Sie flüchtet oftmals vor ihrem Bruder.

Natürlich war ich bei der Geburt meiner Tochter dabei, auch wenn ich kurz vor der Entbindung eingeschlafen bin, und wenn meine Frau nicht interveniert hätte, so hätte ich die Geburt meiner Tochter wohl verschlafen. So wie ich die ersten fünf Jahre ihres Lebens verschlief.

Ich habe ihre ersten Schritte miterlebt und war beim ersten Kindergartentag dabei. Dazwischen wird es mit gemeinsamen Erinnerungen schon eng. Unsere damalige Entscheidung, dass ich mich voll auf das Berufliche konzentrieren sollte, war ein Fehler. Wir sind ursprünglich davon ausgegangen, dass mein Gehalt ausreicht, meine Frau dementsprechend viel bei den Kids sein könnte und dies effizienter ist als zwei sehr schwer zeitlich zu koordinierende Jobs.

Meine Eltern haben uns da einmal mehr ganz großartig unterstützt. Egal, ob es sich ums Abholen von der Schule oder vom Kindergarten handelte oder um die Tagesbespaßung, gemeinsame Ausflüge oder Urlaube. Sie sehen Jason noch heute aufs Jahr gesehen nicht seltener als ich. Aber trotzdem war ein Punkt erreicht, wo absehbar war, dass sich mein Job und der Anspruch, den ich an seine Ausführung hatte, nur schwer mit einem halbwegs normalen Familienleben vereinbaren ließ. Meine Tochter hatte quasi keinerlei Vaterroutine mit mir. Es gab keine gemeinsamen Rituale oder Zeichen, keine sehr intensiven oder mich persönlich berührenden Momente. Das bereue ich heute sehr, denn diese verlorene, weil nicht gemeinsam verbrachte Zeit kann ich mir nirgendwo zurückholen.

Es war also quasi meine Tochter, die, als sie fragte, ob ich tot sei, mir den letzten Anschubser gab, den es vielleicht schon vor einigen Jahren gebraucht hätte.

Jason reichten die intensiven gemeinsamen Erlebnisse unserer Touren: Wochenendrebell zu sein, am Wochenende alles, was man mag, mit Vorab-Absolution anders machen zu dürfen, auf Regeln pfeifen zu können und einfach Spaß bei der Suche nach einem Lieblingsfußballverein zu haben. All unsere Erlebnisse haben meine Beziehung zu Jason sehr vertieft. Wir streiten sachlich, eigentlich fast immer auf argumentativer und inhaltlicher Ebene. Nur sehr selten landen wir in Diskussionen bei Punkten, die wir von Grund auf unterschiedlich beurteilen. Auf unseren Touren erklärt er mir dann am Millerntor das Pauli-Prinzip, und auch wenn das nicht Zweck unserer Reise war, habe ich vollstes Vertrauen in die Spielauswahl und Ablaufgestaltung unseres Sohnes.

Meine Tochter überschüttet meine Frau mit Liebe. Ich bin unglaublich neidisch, wenn ich sehe, wie sie meine Frau mit Umarmungen, Küssen und Kuschelzeiten versieht und rund um die Uhr als Familien-Fee mit ihrer durchweg positiven und liebenswerten Art ihren Zauber im Haus verbreitet. Sie ist aber auch die Leidtragende in unserer Familie. Um sie müssten wir uns mehr kümmern, müssten ihre Interessen aktiver fördern, ihr mehr Raum geben, Dinge auszuprobieren und neugierig zu sein. Sie ist viel zu Hause. Sie ist verunsichert im Umgang mit anderen Kindern. Sie adaptiert Verhaltensweisen von Jason, der in der Kombination mit mehr als einem weiteren Kind oftmals der Aggressor ist. Zum Teil ist es sicherlich seinem mangelhaften Einfühlungsvermögen in das Gegenüber geschuldet. Wenn Jason Kindergruppen anspricht, klingt das oft hölzern und wirkt provokativ. Dann steigert es sich innerhalb von Sekunden in einen massiven Streit, der im Regelfall so endet, dass andere Kinder auch nicht mehr so gerne zu unserer Tochter zu Besuch kommen.

Mittlerweile funktionieren Besuche von Kindergartenbekanntschaften für die Tochter nur noch, wenn Jason ausreichend Vorlaufzeit bekommt, sich auf den Besuch vorzubereiten. Da dafür mehrere Stunden notwendig sind, haben Besuche für die Kleine rapide nachgelassen. Im Umkehrschluss ist es auch ausgeschlossen, die Kleine mit Jason gemeinsam zu anderen Kindern zu begleiten. Es ist ja nicht mal mehr möglich, mit beiden Kindern jeweils alleine einkaufen zu gehen. Wenn man mit Jason einkaufen geht, müssen alle Einkäufe bezüglich ihrer Inhaltsstoffe analysiert werden, und es wird hinterfragt, ob es nicht eine Alternative zum Kauf gäbe, die nachweislich unter klimaneutraleren Bedingungen erzeugt wurde. Im Zweifel tut es vielleicht auch mal eine Bio-Variante, aber darauf kann man sich nicht immer verlassen, und die Öffnungszeiten der Geschäfte sind nun mal begrenzt.

Die Kleine will einfach nur einkaufen. Sie durchstöbert die Regale, schaut sich um, bleibt am Süßigkeitenregal länger stehen und ist megastolz, wenn sie die Milch holen darf, oder freut sich, wenn sie beim Packen und beim Ware-aufs-Band-Legen helfen kann.

Mit der Liebe, die sie ihrer Mami schenkt, einer Form von Zuneigung, die natürlich ganz selbstverständlich ist, die aber weder meine Frau noch ich in dieser Ausdrucksform von unserem Sohn jemals genießen konnten, gibt sie meiner Frau die Kraft, die sie braucht, um Jason und auch mich auszuhalten.

Die Gelassenheit, mit der Jasons kleine Schwester seine komplett den Familienalltag einnehmende und beherrschende Art erträgt, macht sie zu einem außergewöhnlichen Menschen. Sie trägt da in ihrem Alter eine Verantwortung, die Fünfjährige so nicht haben sollten. Ihre Leistung liest sich vielleicht nicht so spektakulär, aber ich hoffe inständig, dass sie irgendwann Verständnis für die Zeit hat, die ich ihr nicht gegeben habe.

Sie klagt nicht und ist glücklich, hat selten Wünsche und ist immer genügsam. Wenn Mami die Spielmacherin und die Abwehrchefin ist, dann ist Jasons Schwester die medizinische Abteilung, das geheime Dopingmittel, die 1,20-Meter-Dribbelkönigin und der Publikumsliebling, der den Zusammenhalt des Teams verkörpert und enge Situationen mit einem Dribbling auflöst. Jason und ich sind, um in der Fußballsprache zu bleiben, unterm Strich betrachtet die VIPs, die sich in der Loge die Bäuche vollschlagen.

Für sich waren sowohl meine Frau und meine Tochter als auch mein Sohn und ich, als zwei Parteien betrachtet, lange Zeit mit der gesamten Situation mehr glücklich als unglücklich, als tatsächliche Familie haben wir die letzten Jahre jedoch nicht verbracht – wir sind aber diesbezüglich auf einem guten Weg.

Ich glaube, es braucht dieses Kapitel, um zu verstehen, warum wir ein unschlagbares Team sind, in dem ich nicht derjenige bin, der Opfer bringen muss, weil er mit seinem armen behinderten Sohn durch die Weltgeschichte fährt. Wir beide haben Spaß. Fast immer.

Kapitel 15

Mitfiebern in Aalen

Um die Besonderheit unseres Ausflugs nach Aalen einordnen zu können, müssen wir kurz über das Spielauswahlverfahren des Sohnes reden. Javier Zanettis Abschiedsspiel im San-Siro-Stadion, das Prager Derby, der Aufstiegskampf in Frankreich, die volle Süd in Dortmund, Champions League in der Allianz Arena, die Schalker Nordkurve gegen Stars wie Lambertz, Bellinghausen und Tobias Levels – Jasons Stadion- und Spielauswahl war nie dem zu erwartenden Taktikspektakel oder der Attraktivität und Anzahl an Weltklassespielern geschuldet, sondern eher dem zu erwartenden Platz inklusive Anreise, Lage und Umfeld des Stadions. Die Auswahl unterlag meist Kriterien, deren Intention mir erst nach Erklärung durch Jason sinnvoll oder zumindest nachvollziehbar erschien.

Ich bin da in der Beurteilung unentschlossen. Es war Freitag der 13., Jason prüfte einige Tage zuvor die Optionen, da ich ihm versprochen hatte, am Freitagnachmittag früher daheim zu sein und erst am

Samstagmittag wieder arbeiten zu müssen. Mit guter Planung wäre vielleicht das Heimspiel vom 1. FC Kaiserslautern möglich gewesen.

Der 1. FC Köln spielte ebenfalls daheim, und da wir damals die ersten vier Spielminuten gegen Paderborn nicht gesehen hatten, erinnerte der erste Vorsitzende der Mannschaft-für-Sohn-Kommission mich daran, dass wir sowieso noch ein zweites Mal ins Müngersdorfer Stadion fahren müssten. In Wahrheit gefiel es ihm wohl dort, was ihn damals auch zur Schaffung einer weiteren Regel ermutigte. Wenn Spiele nicht absichtlich frühzeitig verlassen werden müssen, muss das gesamte Spiel geschaut werden. Man darf keine Sekunde zu spät kommen. Als wir damals am Müngersdorfer Stadion ankamen, hörten wir noch den Anpfiff, als wir die Treppe zu unserem Block hochliefen. Diese Verspätung reichte aus, um ein weiteres Spiel in Köln einzufordern. In ähnlichem Kontext entstand in der Alten Försterei *(Glossar 37)* beim Besuch von Union Berlin die Null-zu-null-Regel. Bei einem torlosen Spiel muss die Mannschaft nochmals besucht werden. Vielleicht waren Regeländerungen auch manchmal seine Art sicherzustellen, dass er noch einmal in das Stadion kommen würde, weil es ihm gut gefallen hatte, er sich aber andererseits auch nicht als Fan dieses Vereins festlegen wollte.

In der Alten Försterei gab es viel zu entdecken und

zu sehen, und die völlig ungewohnte Aufteilung und Akustik mit drei Stehtribünen gefiel Jason so gut, dass selbst die für ihn »spektakulärste Anzeigetafel im deutschen Profifußball« – bei Union werden noch Holztafeln für die Ergebnisanzeige eingesetzt – nur das i-Tüpfelchen auf einem großartigen Fußballnachmittag darstellte.

Mich hätte es nicht gewundert, wenn er jede Gelbe Karte für eine Nummer neun oder Eckfahnen, die wie Haie zugeschnitten sind, zum Auslöser einer Regeländerung erkoren hätte, die einen erneuten Besuch erforderlich machten. All das bot nämlich die Alte Försterei, die er sehr ins Herz geschlossen hatte, und im Nachgang bin ich ihm ja nun fast dankbar für die Einführung der Null-zu-null-Regel. An diesem Tag spielte Union nämlich ebenfalls zu Hause, und so lagen mit den Berlinern, Kaiserslautern und den Kölnern, die Dynamo Dresden zu Gast hatten, eine Menge attraktiver Optionen auf dem Tisch. Sowohl beim Auswärtsauftritt in Bochum als auch beim Heimspiel gegen den 1. FC Kaiserslautern hatten wir den Anhang der Dresdner als den imposantesten Support erlebt, was Lautstärke, Menge und Kreativität angeht.

Die Auswahl wäre groß gewesen, und ich persönlich hätte einem Besuch des Betzenbergs bei Flutlicht am Freitagabend auch ein wenig mehr abgewinnen können als einem Besuch beim 1. FC Köln, aber Jason ließ es sich nicht nehmen, aus dem Angebot an Prachtspielen einen wahrlichen Leckerbissen herauszupicken. Und so standen wir dann bei knapp unter 0 Grad nach fünf Stunden Anreise an einem Freitag, dem 13. in einem Stadion benannt nach einem Schrotthändler mit Milliardenumsätzen und schauten uns mit 24 Auswärtsfans den Zweitligakracher von VfR Aalen gegen den SV Sandhausen an. Man muss das Fußballbusiness lieben.

Dieser Paarung hatte ich nicht den Hauch von Aufmerksamkeit geschenkt, weil nichts, wirklich rein gar nichts dafür sprach, eine Reise dieser Länge für diese Paarung anzutreten. Die einfache Strecke erforderte von unserem Wohnort aus knappe fünf Stunden, und die Attraktivität dieses Spiels war in Anbetracht der gebotenen Alternativen einfach nur Hohn. Es fühlte sich falsch an, aber der Sohn hatte die Planungsgewalt. Das hatte ich versprochen.

Es ist ein seltsames Gefühl, vergleichbar vielleicht mit demjenigen, das man hat, wenn man die Möglichkeit hat, im Umkreis von zwei oder drei Stunden zu verschiedenen guten Konzerten zu fahren – Metallica spielt im Norden, und Rise against spielt im Nord-Westen –, man auch Zeit und richtig Bock auf die Bands hat, aber stattdessen zu einem Flötenkonzert der Grundschule in Aalen fährt.

Ich wusste rein gar nichts über Aalen, geschweige denn über Sandhausen.

Meine Stimmung, die sich bei unserer Anreise ähnlich wie die Außentemperaturen kontinuierlich gen Gefrierpunkt bewegte, war alles andere als erträglich. Ich versuchte dies zu kaschieren, was aber schwierig war aufgrund der niedrigen Temperaturen, der nervigen Anreise und der Tatsache, dass es keine Menge gab, der man hinterhertrotten konnte, und ich erstmals gezwungen war, ein Spiel zu sehen, bei dem ich keinen einzigen Spieler kannte. All das ließ sich wohl in meinem Gesicht ablesen.

Jason mochte meine Genervtheit. Aalen war definitiv der Tiefpunkt einer irrwitzigen Suche, aber auch ein Tag, wo ich mehr als einmal darüber nachdachte, was ich hier gerade eigentlich machte und ob das alles hier so sinnvoll war. Jason war megahappy. Selten zuvor war er bei einem unserer Ausflüge so ausgelassen, so auch für Außenstehende erkennbar glücklich. Ich brauchte das nicht für mich, mir reicht es zu erkennen, wenn er glücklich ist, aber es tat gut, ihn so auch für die Allgemeinheit erkennbar happy zu erleben. Dass ich ihn so lauthals oder herzhaft lachen sah, erlebte ich zu der Zeit vielleicht fünf Mal im Jahr, vier Mal davon im Stadion. Das motivierte mich, mir meine Verärgerung möglichst nicht ansehen zu lassen, was zwar nur durchschnittlich gelang, ihn aber nicht beeinflusste. Er war richtig gut drauf.

Angekommen am nett gelegenen, aber hässlichen

Betonklotz, schalmeite es uns schon aus den Lautsprechern entgegen: Für nur 699 Euro könne man ein exklusives Spieltags-Sponsoring-Paket erwerben, welches auch ein handsigniertes Trikot des Lieblingsspielers sowie zwei Tickets für ein VfR-Aalen-Spiel der eigenen Wahl enthält. Der Stadionsprecher erklärte detailliert das Sponsoring-Sonderangebot und verwies auf den aktuellen Käufer dieses hochattraktiven Pakets, Jimbo Autowäsche, eine Autowaschanlage, die mit einem Elefanten im Logo warb, der Autos mit seinem Rüssel sauber spritzte. Wir waren es gewohnt, mit abstrusesten Marketingaktionen plump angesprochen zu werden, aber Aalen war die Champions League.

Selbst das Aufzählen und die Begrüßung der verletzten Spieler des eigenen Teams wurde werbewirksam von der örtlichen Apotheke präsentiert, was noch mehr Witz hatte als die professionelle Trauerhilfe, die sich in Karlsruhe das Sponsoring-Paket zur Bekanntgabe der Gästemannschaftsaufstellung sicherte. Jason und ich hatten gerade Platz genommen, und meine Aufregung über 26 Euro für einen Sitzplatz bei diesem Grottengipfel musste der Frage des Sohnes weichen, warum die Ahle Wurst *(Glossar 38)* nicht aus Aalen kommt, und mir dann die einsetzende Aalen-Hymne den letzten Rest Motivation aus dem Hirn blies. Man bekommt es in Stadien oft und häufig mit lyrischen Perlen unter den Vereinsliedern *(Glossar 39)* und Fan-support-Chants zu tun, aber Aalen entwickelte sich zum lautstarken dichterischen Desaster, bei dem man leider nicht weghören konnte.

Jason war aber wie gesagt sehr glücklich. Ich dachte eine Weile, dass er einfach meine Verärgerung genoss, aber er fand es wirklich durchweg großartig. Er fand super, dass ich erst drei verschiedenfarbige Wertmarken kaufen musste, um dann doch für eine Tüte Mini-Donuts bar bezahlen zu müssen, und amüsierte sich über meine Verärgerung über die Stadionwurst im Brötchen, bei deren Verzehr man geschmacklich bedingt immer und immer wieder prüfen musste, ob man nicht aus Versehen die Pappunterlage mitgegessen hatte.

Das Tagespaket der Jimbo-Autowäsche beinhaltete pikanterweise noch ein Eckball-Sponsoring, sodass nach jeder Einblendung der aktuellen Eckballstatistik der penetrant laute Elefant in unsere Ohren trötete. Jason konnte in der ersten Halbzeit seine Aufregung kaum im Zaum halten. Immer wenn einer der Spieler in Strafraumnähe zum Abschluss kam, hoffte er auf einen Eckball. Ich glaube, so intensiv befasste er sich bisher bei keinem Spiel mit dem tatsächlichen Spielgeschehen. Er fieberte erstmals mit. Als ich da so stand und mich fragte, was ich hier machte in der Dreckskälte, bei diesem Grottenkick, fünf Stunden von daheim und dem Rest der Familie entfernt, da wurde mir klar, dass Jason zuvor tatsächlich nie mitgefiebert hatte. Nun hoffte und bangte er, war voll dabei und sah auf beiden Seiten des Spielfelds eine identische Szenerie: Eckbälle waren seine Tore. Und das Geschehen hier hatte nichts mit der Suche nach einem Lieblingsverein zu tun. Das hoffte ich zumindest.

Die gesamte Szenerie war in meinen Augen schon sehr gruselig, was an dem völlig deplatzierten, fies lauten Elefantengetröte lag und der Tatsache, dass ich bei den ersten beiden Einspielungen heftig erschrak, weil es immer unvermittelt einleitend zu Beginn der Bekanntgabe der aktuellen Eckballstatistik erschallte.

Und dabei hatte ich zuvor oft genug gesehen, wie Fußballfans mitfiebern. Das unterscheidet sich auf der Haupttribüne dann tatsächlich auch kein bisschen von den Fans in der Kurve. Vom Fingernagelknabberer über den Oberkörperwipper, den immer laut aufstöhnenden und dann verächtlich abwinkenden Dauernörgler bis zu demjenigen, der, exzessiv mitfiebernd, den im Mittelfeld den Ball führenden Spieler quasi ins Tor brüllen möchte: »Schieß! Schieeeeeeß doch! Nun schieeeeeßßß endlich.« Fußball wird als Produkt ewig funktionieren, solange er das in Menschen auslösen kann.

Fußballfans lassen sich nicht in Gruppen gemäß ihrer Stadionplatzierung packen. Wir haben auf der Haupttribüne nicht weniger rassistische, homophobe oder sexistische Arschlöcher erlebt als im Gästeblock mit den Allesfahrer-Auswärtsfans, und auf all unseren Reisen fühlten wir uns in jeder Ecke des Stadions stets willkommen. Die Ausfälle, die da immer mal wieder zu beobachten sind, ergeben sich oftmals logisch aus der Gesamtbesucherzahl eines Fußballspiels und der medialen Schlagkraft, die auch eine kleine Gruppe an Idioten innerhalb einer größeren Menge Menschen erzielen kann. Gewisse Sicherheitsstandards sind bestimmt notwendig, aber der Maßstab, der an Fußballfans angelegt wird, ist die letzten Jahre überdimensional gestiegen. Im Vergleich dazu dürfte ein Gabalier- oder Xavier-Naidoo-Konzert eigentlich nicht mehr ohne den Einsatz von Sonderkommandos stattfinden.

Ich wusste also, wie mitfiebernde Menschen aussahen. Und Jason nach so unzählig vielen Reisen so aktiv, aber auch so unterschiedlich und vielschichtig mitfiebern zu sehen, hätte mich erfreuen müssen. Ein rundum glücklicher Sohn. Was gibt es Besseres?

Aber er fieberte um Eckbälle. Egal für wen. Bei Minusgraden. In einem Graupenkick, der dann am Schluss auch noch torlos endete. In Anbetracht des Regelwerks müssen wir hier also noch einmal hin. Der Elefant trötete. Ich weiß nicht, wie oft. Es war das Spiel, wo Jason mir klarmachte, dass er die Auswahl seiner Mannschaft, wenn er sie denn irgendwann mal findet, nicht von klassischen, von Fußballromantik geprägten Faktoren abhängig machen wird. Er wird seinen Verein auf Basis der Schuhfarbe der Spieler, wegen einer ungewöhnlichen Anzeigetafel oder einem skurrilen Stadiondetail oder eben wegen Elefantengetröte auswählen und eben nicht aus Liebe zu einem Verein.

Nur wenige Wochen war es her, dass ich mit Jason darüber philosophierte, wie schön es doch wäre, gemeinsam als Fans die Fortuna aus Düsseldorf im Champions-League-Finale zum Sieg zu supporten, und nun schaue ich meinem Sohn zu, wie er mitfiebert, dass der VfR Aalen oder der SV Sandhausen Eckbälle produzieren.

Hätte er nicht in Köln, Kaiserslautern oder Berlin mehr Spaß haben müssen? Nein, anscheinend nicht.

Kapitel 16

Erfolgreiche Saisonbilanz

Wenn Aalen mal kein würdiger Abschluss war! Kein Abschluss unserer Suche und unserer Reisen, aber ein Ende des Stücks, wo ich Sie als Leser mitnehmen kann.

Dieses Buch beschreibt Phasen aus den letzten sechs Jahren mit meinem Sohn. Es ist viel passiert. Aus dem kleinen Wochenendrebellen ist ein junger Mann geworden, und man kann sich trotzdem sicher sein, wir ermöglichen ihm jede noch so kleine Winzigkeit an Kindheit.

Jason ist in den Jahren rasant gewachsen – und ich rede nicht von seiner Körpergröße. Uns wurden schwierige Phasen prophezeit, was die Dauer und die eventuellen Schmerzen bis zu seiner Selbstakzeptanz als Asperger-Autist angeht, und zurückblickend müssen wir feststellen, dass es dieser Phasen nicht bedurfte. Jason ist ganz selbstverständlich mit seiner besonderen Logik aufgewachsen, und das bestens präparierte Vater-Sohn-Gespräch, im Verlauf dessen wir die besondere Logik beim tatsächlichen Namen nennen, gab es nie.

Bei meinen zahlreichen Überlegungen in Vorbereitung dieses Gespräches hatte ich seine Cleverness wohl gewaltig unterschätzt, sonst hätte mir klar sein müssen, dass er es ist, der das Thema irgendwann auf seine Weise auf den Tisch bringt. Dann hätte ich mir vielleicht auch intensiver dazu Gedanken gemacht, was ich ihm entgegne. Schließlich wird das einer dieser Momente sein, an die man sich sein Leben lang erinnert.

Es gab also kein vorbereitetes »Sohn, wir müssen reden«-Gespräch, kein sich behutsam dem Thema näherndes Vater-Sohn-Meeting. Es traf mich eiskalt und unvorbereitet, morgens im Halbschlaf. Voll in Papsis schläfriges Herz.

»Papsi, bin ich Autist?«

Ich dachte zunächst noch, ich hätte mich nur verhört. Er fragte nur einmal und ruhig, eigentlich völlig untypisch für ihn. Denn wenn Papsi ihm nicht in Sekundenschnelle eine Antwort gab, wurde er für gewöhnlich unmittelbar unruhig, hektisch und drängte intensiv auf die Antwort.

Ich bejahte seine Frage verunsichert, aber dann doch relativ schnell, und ebenso schnell setzte der Ärger über mich selbst ein, dass ich nicht vorher in Ruhe mit ihm darüber gesprochen hatte. Andererseits hätte ein vorbereitetes und angekündigtes Gespräch der Thematik mehr Bedeutung gegeben, als eigentlich zu diesem Zeitpunkt notwendig war. Das klingt jetzt unfair, oder?

Vielleicht war es eine Art im Unterbewusstsein vorgenommene Verdrängung. Seinen Schwerbehindertenausweis beantragten wir auch erst nach vielen Jahren.

Für Jason hat Autismus eine riesige Bedeutung. Für Papsi und Mami eigentlich nicht mehr. Man vergisst das sehr häufig, selbst wenn er uns mit seinem Verhalten hart daran erinnert.

Wir lieben ihn so, wie er ist, und haben uns sowohl mit seiner besonderen Logik als auch mit seinem Autismus arrangiert. Was mögliche Therapieformen und unterstützende Maßnahmen angeht, haben wir das volle Programm absolviert, und wir sind froh, dass er heute in großen Teilen selbst entscheiden kann, was ihm weiterhilft und was nicht.

Unsere morgendliche zweiminütige Halbschlaf-Konversation änderte nichts Grundlegendes. Alles, was er bezüglich seiner besonderen Logik bei sich an Stärken und Schwächen zuvor schon entdeckt hatte, trug nun einen anderen Namen und wurde mit dem Begriff Autismus genauso offen besprochen wie zuvor mit der Bezeichnung der besonderen Logik.

Aus dem kleinen Racker, der sich auf die Stehtribüne der Nord setzte, im Bordbistro randalierte und in Sandhausen schon die Ultras unterstützte, ist ein richtig verantwortungsvoller, zuverlässiger, ehrlicher und loyaler Jugendlicher geworden, der sich im Laufe der Jahre ein enormes naturwissenschaftliches Wissen angelesen hat.

Es wäre unverantwortlich gewesen, sich mit einem vollen Terminkalender nur auf das Beseitigen von Schwächen zu konzentrieren und ihm nicht den Raum zu geben, sich mit Dingen zu beschäftigen, die ihn interessieren.

Seine Vorlieben, die er zu persönlichen Stärken ausgebaut hat, ermöglichen es ihm, Konversation mit Menschen zu betreiben, die ähnlich gelagerte Interessen haben. Beim Thema Naturwissenschaft ist der Einstieg ja grundsätzlich recht niederschwellig, aber es funktioniert prima. Ein mehrminütiger Monolog über die Kraft der Sonne ist für ihn die logische Antwort auf eine Wetter-Floskel, die ihm ein Taxifahrer neulich als Gesprächseinstieg anbot. Das ist seine Form von Small Talk, und er fühlt sich sehr wohl dabei. Er verabscheut es, jemanden zu fragen, wie es ihm geht, denn es interessiert ihn in aller Regel nicht.

Gewisse Benimmregeln und intuitiv erlernte Umgangsformen sind auch heute noch ein Problem. Aber auch hier müssen wir abwägen, welcher Aufwand betrieben werden muss, um den Sohn in eine gesellschaftlich anerkannte Korsage zu pressen, oder im Umkehrschluss zu erkennen, was wir unserem Umfeld damit vielleicht manchmal zumuten, wenn wir ihm den Freiraum geben, die Konsequenzen selbst zu erfahren.

Wir wollen keinen konditionierten Sohn, der funktioniert und gesellschaftlichen Normmaßen hinterherhecheln muss. Wir möchten einen selbstbewussten Sohn, der zu hinterfragen, zu entscheiden und abzuwägen weiß. Die Herausforderungen, vor denen er in zehn oder 20 Jahren stehen wird, dürften in größerem Umfang nicht zwingend durch erlerntes Schulwissen zu bestehen sein, und auch wenn er das nicht gerne hört, vielleicht wird das Wichtigste sein, dass er ein Netzwerk von Freundschaften geknüpft hat, die ihn tragen und in dem er einen Beitrag leisten kann.

Mein Sohn spielt heute mit mir, als wäre ich ein Instrument. Das stellt für mich kein großes Problem dar. Ich klinge gut, wenn er mich spielt. Er benutzt mich als Harfe, als Flöte und bei Bedarf auch als Tuba, Speed-Metal-Triangel oder als ein stakkatogeeignetes Schlaginstrument. Wenn wir als Familie davon überzeugt sind, klimpere ich noch mit 90 als sein Klavier.

Dass wir gemeinsam jedes Problem lösen und nahezu jedes Ziel gemeinsam erreichen können, hat er verinnerlicht. Mittlerweile versteht er auch, warum ich es für wichtig halte, dass man sich selbst oft genug prüft, ob man sich bei aller Selbstsicherheit und aller Konsequenz nicht zum Arsch entwickelt. Sei kein Arsch. Die einfachste und doch sinnigste Zusammenfassung unserer familiären Leitkultur.

Wir sind da auf keinem schlechten Weg. Jason probiert sich aus, er ist neugierig und experimentierfreudig. Das war ein langer Weg, was weniger an ihm lag, sondern eher an uns. Die Zeit, die wir in die Moderation und Organisation von sozialen Kontakten im direkten Umfeld aus Wohnort oder Schule steckten, war durchweg sinnlos. Heute glaube ich Jason auch, wenn er sagt, diese Erfahrung hätte es nicht gebraucht.

Zurückblickend fehlt da halt gefühlt ein gutes Stück Kindheit, mit Quatsch und Albernheiten mit Kumpels, irgendetwas, was er gemeinsam mit anderen gemacht hat. Er ist allein glücklich, solange allein bedeutet, er hat seine Familie um sich.

Natürlich ist er erst elf, aber Gespräche mit ihm, sein Anspruch an sich selbst und sein Anspruch an uns als Eltern entspricht doch eher einem jungen Mann, der für sich die eine oder andere Entscheidung treffen will und kann, der aber auch klare Vorstellungen hat, welches Ziel wie erreicht werden kann. Es hat lange gedauert, dies zu verstehen und seinen Vorstellungen unseres Zusammenlebens einen entsprechenden Raum zu schaffen.

Unserem Wunsch nach Absprache mit Jason, die Schulassistenz Jahr für Jahr zu reduzieren und es schließlich ohne diese Unterstützung während der Schulzeit zu versuchen, stand die erneute Diagnose »Autismus« gegenüber. Die erste Diagnose war eindeutig gewesen, doch in der Schule und in den Amtsstuben mehrten sich die Zweifel, ob dieser Junge wirklich Autist war. Seine Entwicklung war ihnen zu gut, und die sichtbaren Probleme waren zu gering. Schließlich ist er ein vorbildlicher Schüler. Wir hören regelmäßig von Lehrern, dass sie sich mehr so pflegeleichte Schüler wünschen wie Jason. Na also, warum sollte dieser Junge dann eine Schulassistenz benötigen?

Unsere Abneigung, um Hilfe zu bitten, die uns per Gesetz zusteht, wurde uns schnell zum Verhängnis, da trotz identischer Diagnose plötzlich auch die wöchentliche Autismus-Therapie *(Glossar 40)* gestrichen werden sollte. Trotz der Autismus-Diagnose könne eine Verbesserung durch die Fördermaßnahmen nicht eindeutig nachgewiesen werden, so die Aussage der Mitarbeiterin des Sozialamtes. Seit einem Jahr stehen wir nun Gewehr bei Fuß, um mit einer persönlichen Vorstellung beim nächsten Amt eine Beurteilung und entsprechende Empfehlung zur weiteren Therapieunterstützung genehmigt zu bekommen.

All diese Termine, Jasons Bedarf an persönlicher Zuwendung, mein Job, eine Tochter, die nichts fordert, aber mehr verdient hat, und eine Frau, deren Nerven-kostüm mehr als einen Kratzer erlitten hat, können einen auf die Dauer zermürben. Es dauerte zu lange, bis wir erkannt hatten, dass das Maß an Liebe, Zunei-gung und Aufmerksamkeit, das unsere Kinder ver-dient haben und dessen Intensität auch ganz tief aus unserem Herzen genährt wird, seit geraumer Zeit nicht mehr mit realen Handlungen einherging. Im Rückblick betrachtet, ist das doppelt seltsam, weil wir in diesem Zeitraum auch am Wochenende nicht unter-wegs waren – es ging einfach nicht mehr.

Heute habe ich einen Sohn, der mir gut erklären kann, was ihm warum Schwierigkeiten bereitet, was ihn hindert, was ihm zu welchem Zeitpunkt helfen würde, der die Wartezeit auf externe Unterstützung akzeptiert und der Riesenschritte in Richtung Selbst-ständigkeit gemacht hat.

Sein bestes Beispiel, wie er dies untermauert, ist, dass er in der Lage wäre, sich alleine aus einer frem-den Stadt bis nach Hause durchzuschlagen, aber eben nicht in der Lage ist, sich morgens alleine eine Hose auszusuchen. (Das Anziehen klappt jetzt aber – mit mehrjähriger Verspätung.) Das Ziel, nach Hause zu kommen, ist wichtig genug, um schwierige Rahmen-bedingungen zu verdrängen. Die Fähigkeiten, sich zu orientieren, sich durchzufragen und bis nach Hause zu finden, hat er schon lange. Das Ziel ist aber eben auch einfach und klar definiert. Ich muss nach Hause kommen – egal wie.

»Beim Hose-Aussuchen ist das deutlich schwieriger«, referierte der Sohn sachlich. Es gibt eine Menge Faktoren, die ihm gänzlich unbekannt sind. Wie wird das Wetter werden? Ist die Hose zu warm oder ist es draußen sowieso richtig kalt, passen die Farben zueinander oder sieht er aus wie ein Clown? Seine Fähigkeiten und Schwächen sind recht asymmetrisch verteilt, aber ich habe viel gelernt, weil ich Jason gerne zuhöre, wenn er versucht, mir ein Problem zu beschreiben. Es ist faszinierend, welche komplexen Gedankengänge sich hinter der Frage, ob man heute eine Mütze anzieht, ob man den Bus nimmt oder lieber die Tram und welches Getränk man im Restaurant bestellt, verbergen können.

Noch heute hasst er Bevormundung, sodass es erst ein paar Tage kalte Ohren braucht, bis er der Bitte nachkommt, eine Mütze aufzusetzen, da es draußen schneit. Er muss dann scheinbar erst die Konsequenzen spüren, um zur Einsicht zu gelangen, dass so eine Mütze doch recht angenehm sein kann. Auf dem Schulhof in der Pause verzichtet er weiterhin, auch im Winter, gerne auf eine Jacke, weil er wohl so dem Gedrängel an der Garderobe ganz gut entkommt, oder er nutzt gleich den eigens für ihn geschaffenen Rückzugsort in der Schule, den er mit seiner Lehrerin ausgemacht hat.

Bei aller Motzerei über dieses, für mich teils zu sehr von Willkür, Personen und deren Egos abhängige staatliche System rund um Sozial-, Familien- und Jugendämter muss man wirklich sagen, dass wir von schulischer Seite durchweg auf viele großartige und sehr verständnisvolle Lehrkräfte trafen, die immer in der Lage waren, das ein oder andere Problem für Jason pragmatisch zu lösen, Alternativen aufzuzeigen und ihm persönlich und direkt wertvolles Feedback zu geben. Grundsätzlich sind wir im Sozialwesen, bis auf wenige Ausnahmen, auf kompetente und ehrliche Mitarbeiter gestoßen. Und wenn die nicht helfen konnten, gab es ja auch noch Oma und Opa.

Jason hatte große Probleme, sich mündlich am Unterricht zu beteiligen, obwohl er dort gute Beiträge hätte leisten können. Er wusste aber nicht, wann er sich melden sollte und wie oft. Alles muss gedanklich gelöst werden, bevor er handeln kann. Als Opa ihm dann nach dem Feedback der Lehrerin empfahl, sich jede Unterrichtsstunde drei Mal zu melden, war das Problem gelöst. Das Ziel war nun klar definiert: »Ich muss mich jede Stunde mindestens drei Mal melden.« Heute erledigt er sein Pensum gerne in der ersten Viertelstunde des Unterrichts und referiert, wenn auch teils ungefragt, im Religionsunterricht über die tatsächliche Entstehung der Welt oder diskutiert mit den Lehrern über wissenschaftliche Entdeckungen.

Er hat seinem Opa und seinem Ömchen gegenüber eine Vertrauensbasis aufgebaut, die es ihm ermöglicht, Bevormundung und Belehrung besser von einem gut gemeinten Rat zu unterscheiden.

Jason bestimmt auch heute noch den absoluten Großteil des Lebens meiner Frau und meiner Tochter und hat den mit Abstand größten Einfluss auf den gesamten Familienalltag. Das fängt bei Dingen an, die am Frühstückstisch nicht gegessen werden dürfen, geht über Familienfeierlichkeiten, die nicht besucht werden dürfen, wenn wir nicht diverse Regeln berücksichtigen, bis hin zu den konkreten gemeinsamen Freizeitaktivitäten, die unternommen werden müssen oder eben keinesfalls gemacht werden dürfen.

Mittlerweile ist das organisierte Chaos zur Normalität geworden. Jason ist längst Werktagsrebell statt Wochenendrebell, was seinen Tagesabschnitten eine Struktur gibt, die ihm entgegenkommt. Und da ein gemeinsames Frühstück sowieso schon so selten möglich ist, akzeptieren wir lieber irrsinnige Bedingungen als gar keine gemeinsame Mahlzeit am Morgen.

Für Außenstehende wirken wir manchmal wie Marionetten unseres Sohnes, da selbst Mitgliedern der engeren Verwandtschaft der Umfang von Jasons Behinderung nicht wirklich bewusst ist. In ungewohntem Umfeld tritt nicht immer seine Schokoladenseite zutage.

Wir düsen alle gemeinsam mit ihm durch die Gefühlsachterbahn des Lebens und sehnen uns sicherlich oft genug nach gemütlicheren Sitzplätzen in der Marienkäferbahn oder auch im Kinderkarussell. Aber knallhart runtergebrochen kann und soll alles bleiben, wie es ist.

Wir mussten lernen, miteinander zu reden, einander zuzuhören, und wir mussten lernen, dass der Autismus nicht von der Persönlichkeit unseres Sohnes zu trennen ist. Er beeinflusst Jasons Handeln, Denken, all seine Aktionen und Reaktionen, und nicht selten färbt seine ungefilterte Wahrnehmung auch unseren Horizont neu ein.

Heute verständige ich mich fließend mit meinem Sohn, aber das Gewässer unseres Zusammenlebens ist weiterhin teils ein reißender Fluss, teils ein still in sich ruhender See, teils ein unergründlich weites Meer, Tag für Tag gefüllt mit einem Tropfen Hoffnung mehr, dass wir das alles nicht so schlecht machen, wie das Ergebnis situativ betrachtet vermuten lässt. Zweifel sind in unserem Umgang ein schwieriger und gefährlicher Begleiter.

Das mögen manche Wissenschaftler, Pädagogen, Therapeuten, Autisten, Mamas, Papas, Großeltern und Fußballfans anders beurteilen.

Entscheidungen wurden aus vollstem Herzen, voller Liebe und im vollen Bewusstsein, unter Berücksichtigung aller rationalen Konsequenzen, getroffen, immer in der Überzeugung, das Beste für unseren Sohn und für unsere Familie zu machen. Ziemlich egoistisch, ich weiß.

Wie bereits eingangs verdeutlicht, ist dies kein Ratgeberbuch. Die Welt braucht keinen weiteren weißen Mann, der Minderheiten und behinderten Menschen sagt, was sie dürfen und können oder gar wert sind. Mir war es ein Bedürfnis, meinen wunderbaren Sohn vorzustellen, die Behinderungen und »Behilflichkeiten« aufzuzeigen, vielleicht mit unseren Erlebnissen zu unterhalten, zu überraschen und klarzustellen, dass Fußballstadien mit ihren Fans ein Mikrokosmos der Gesellschaft sind, in dem man unabhängig von Nationalität, Hautfarbe oder sexueller Orientierung sehr viele großartige Menschen kennenlernen kann. Fußballfans, die uns auf unserer Suche halfen, und von denen einige heute Freunde sind.

Zusammenfassend lässt sich sagen, dass wir ein Projekt starteten, um unserem Sohn etwas beizubringen, was er in großen Teilen bereits besser konnte als ich. Seine wenigen Beziehungen zu Menschen sind von einem Maß an Loyalität geprägt, von dem man sich getrost eine Scheibe abschneiden kann, seine Vorliebe für vermeintlich kleine Details eröffnete mir Blickwinkel auf Gesamtbilder, die mir ohne ihn verborgen geblieben wären. Er verzichtet in Gesprächen auf versteckte, hintergründige Botschaften, er ist sehr direkt. Bei allem Schmerz, den das verursachen kann, wären wir alle ein gutes Stückchen weiter, wenn wir auf ritualisierten Small Talk verzichten würden und so vorurteilsfrei zuhören und gnadenlos offen sprechen könnten wie er. Jason handelt innerhalb eines konkreten Wertesystems, dem ich mich inhaltlich vollkommen anschließen kann. Er überträgt das auf seine Handlungen in einer Konsequenz, die er selbst am meisten zu spüren bekommt. Er schont sich da nicht. Seiner Selbstdisziplin zolle ich meinen allerhöchsten Respekt, und es vereinfacht eben auch das Miteinander, wenn Jason sein konkretes nächstes Ziel benennt. Man weiß, er hängt sich da jetzt rein.

Er will jetzt auch ein Buch schreiben. Er hat »Wir Wochenendrebellen« in allen einzelnen Schritten und Entscheidungen sehr eng begleitet und will jetzt eben auch sein eigenes Projekt starten. Er weiß noch nicht, ob er den Fokus auf die Erklärung zur Entstehung der Welt legt oder lieber darauf, was die nächsten Jahre vielleicht wichtig wäre, um die Weichen für eine Welt zu stellen, in der er seine persönliche Zukunft verbringen möchte. Ich durfte noch nichts lesen, aber ich bin sicher, es wird mich unterhalten oder ich werde etwas daraus lernen – oder beides.

Jason beflügelt uns oft mit seinem vertrauensvollen Optimismus und fordert gnadenlos ein Handeln, einhergehend mit seinen Werten, ein. Wenn dann daheim der empfohlene durchschnittliche Pro-Kopf-Fleischkonsum sachlich und sauber vom Sohnemann argumentiert wird, dann entstehen daraus eben auch konkrete Maßnahmen für Mama und Papsi. Das ist auch okay und hat uns für ihn ein gutes Stückchen glaubwürdiger gemacht, wenn wir umgekehrt über Probleme sprechen, die er vielleicht positiv mit seinem verantwortungsbewussten Handeln beeinflussen kann.

Was uns oft als hypersensibles Handeln helikopterender Eltern vorgeworfen wird, ist ein Grundbedürfnis unseres Sohnes. Da gibt es oft unschöne Außenbeurteilungen und Ferndiagnosen. Das ist okay, wenn die nur mir oder meiner Frau mitgeteilt werden, ätzend ist es aber, wenn Jason es mitbekommt, obwohl wir ihn nicht damit belasten möchten.

Es gibt äußere, nicht immer steuerbare Einflüsse, die ihm massive Probleme bereiten. Die sind in den letzten Jahren auch nicht weniger geworden, er hat nur gelernt, damit umzugehen, Strategien entwickelt und rumprobiert, bis er ein erträgliches Arrangement gefunden hat. Diese Probleme verursachen bei ihm »Krieg im Kopf« *(Glossar 41)*, so hat er es mir zumindest mal erklärt, als er auf einem Rockfestival den Song »War Inside My Head« von Suicidal Tendencies hörte. Das mit dem Krieg im Kopf, das kenne er. Das hätte er abends immer, dass im Bett alle Gedanken so schnell im Kopf durch die Gegend rasen, dass man denkt, der Körper wäre in Bewegung und man käme sicherlich nicht zur Ruhe, und überhaupt dürfe man doch nicht schlafen gehen, bevor alle Probleme gelöst sind.

Er beschrieb dies damals sehr anschaulich. Wenn Probleme Krieg in seinem Kopf verursachen und dies das von ihm beschriebene Gefühl bedeutet, dann ist es eine unserer Hauptaufgaben, möglichst viele Probleme von ihm fernzuhalten. Er hat mit Mobbing und Verarsche durch ältere Mitschüler, die sich Witzchen daraus machen, ihn zum x-ten Mal Planetenkonstellationen aufzählen zu lassen, schon genügend durchzustehen – und hier können wir nicht mehr helfen. Aber er findet auch da sicherlich seine Strategie, um damit umzugehen, daran habe ich keinen Zweifel. Ich zweifele grundsätzlich wenig an seinen Zielen, die er sich gesetzt hat. Das wäre einerseits nicht förderlich und andererseits Zeitverschwendung. Nichts von dem, was er plant, erreicht er trotz oder wegen seines Autismus. Er schafft all das mit seinem Autismus, dem elementaren Bestandteil seiner Persönlichkeit, und darauf kann er zu Recht sehr stolz sein. Das missionarische Element seines gewählten Weges ist anstrengend und belebend zugleich, aber da müssen wir wohl durch.

Während man Autisten allgemein eine mangelnde Fähigkeit zur Empathie vorwirft, musste ich feststellen, dass mein Sohn um ein Vielfaches empathischer ist als ich, es eben nur völlig anders zum Ausdruck bringt. Es gab Phasen, wo ich Angst bekam, weil man sah, wie grausam er zu Menschen sein kann, die er mag, und ich mich immer gleich fragte, wie er sich dann wohl im Umgang mit Menschen verhält, die ihm gleichgültig sind.

Heute analysiert er nüchtern, dass die beste Beziehung, die er zu einem Gleichaltrigen pflegt, die ist, bei der ihm derjenige scheißegal ist. Aber wie gesagt, die Spannbreite seiner zum Ausdruck gebrachten Sympathie oder Gleichgültigkeit ist ungewöhnlich breit gefächert, und das Mitgefühl, das er auch für ihn wildfremde Menschen aufbringen kann, ist so groß, dass wir da stolz auf ihn sein können.

Ich freue mich auf die weiteren Abenteuer mit Jason, denn auch als Familie haben wir heute die nötige Selbstsicherheit, uns gegen auferlegte Konditionierungsversuche und sinnlose Therapieansätze zu wehren. Wir haben viel gelernt, haben viel vor und strotzen vor Kraft. Im Grunde genommen war und ist es recht simpel: Wenn unser Sohn glücklich ist, lieben wir ihn, ist er traurig, lieben wir ihn, ist er verzweifelt, nachdenklich, überfordert, unterfordert oder abgehoben, lieben wir ihn. Lieben ist ein Verb. Verben beschreiben eine Tätigkeit. Wir tun etwas: Wir lieben ihn – immer.

Kapitel 17

Wir bleiben Rebellen

Was war das für eine großartige Zeit! Ohne meinen Sohn wäre ich nie in den Genuss der vorzüglichen Merguez-Frikadelle im Saarbrücker Ludwigspark gekommen.

Wir hätten nie die Dortmunder Süd beben spüren, nie das Verhalten unterschiedlichster Bundesligamaskottchen studieren können, und die Idiotie von Halbzeitspielen wäre uns ebenfalls verborgen geblieben. Mein Sohn hätte mir ohne den Fortuna-Düsseldorf-Auftritt in Bielefeld sicherlich nie lauthals hämisch klingend, aber aus Verzweiflung agierend »Ihr könnt nach Hause fahren« ins Gesicht geschrien, nur um Tausende Bielefelder zu unterstützen. Ich hätte nie den Uringeruch der St. Pauli Nord über Stunden in der Nase gehabt, und ich hätte nicht im strömenden Regen in Strümp beim Testspiel gestanden und meinem Sohn dabei zugeschaut, wie er imaginär laut schreiend Holz hackt, während Michael Rensing vor ihm an der Seitenlinie auf einem Campingstuhl sitzt.

Wir hätten keine unzähligen Stunden gemeinsam verbracht, um Muster in den Schuhfarben der Mannschaften festzustellen, und wir hätten die Schachtscheißer Carnitz nicht in Aktion gesehen. Die einklappbaren Flutlichtmasten des SV Babelsberg 03 hätten wir wahrscheinlich auch nicht gesehen und den wunderbar grausamen Torjingle der SG Wattenscheid 09 nicht erlebt. Wir hätten das Zittern, das Freuen, die Ekstase, den Torjubel, den Frust, das Supporten, das bedingungslose Anfeuern und das genervte Abwinken der Fans nicht mitbekommen.

Ich hätte nie mitten in Frankreich vorm Stadion um Tickets gebettelt, und vor allem hätten wir nie die Herzlichkeit der Schalker, Dortmunder, Münchner, Sandhauser, Unioner, Babelsberger, Fürther, Franzosen, Tschechen und Italiener kennengelernt.

Ohne die Unterstützung der ortsansässigen Fans hätten wir nie Tickets für die Dortmunder Süd bekommen, keine geschichtlichen Hintergründe zu Lok Leipzigs ältester aktiver Holztribüne Deutschlands erfahren, nie die sanitären Anlagen in Stuttgart zu schätzen gelernt, von denen aus sich das Spiel live beim Wasserlassen durch ein Fenster beobachten lässt. Wir hätten nicht die Möglichkeit einer Arena-Tour mit Marco Höger auf Schalke bekommen und hätten nie unter der ewig tickenden HSV-Uhr gestanden. Wir wären nie in Baunatal trotz Ticketbesitz über den riesigen Zaun geklettert, weil es eben genau dort am Rasenhang in der Kurve die besten Plätze gab, und wir hätten nie das gemeinsame Schweigen ertragen müssen, wenn der Sohn auf Betonwände starrte.

Ich hätte nie gelernt, was Schiedsrichterei doch für eine undankbare Profession sein kann, und wir wären nie Teil einer Choreo auf der Nordtribüne am Millerntor geworden. Vermutlich hätte die schönste und mich sehr nachdenklich machende Konversation zwischen Jason und einem St.-Pauli-Rabauken, der in der Nord am Zaun hing, nicht stattgefunden. »Wir kommen aus dem Norden, wir rauben und wir morden«, sagte der vielleicht drei oder vier Jahre ältere Knirps neben ihm, den Blick auf das große Banner gerichtet, welches im Rahmen der Choreografie an diesem Tag ausgebreitet wurde. Jason hing direkt neben ihm im Zaun und verstand das als versuchte Kontaktaufnahme.

»Wir kommen aus Kassel und suchen für mich einen Lieblingsverein«, antwortete er.

Der Blick des Jungen frustrierte nicht nur Jason, war aber durchaus nachvollziehbar.

Trotzdem haben wir durch den kleinen St.-Pauli-Fan und durch all diese Menschen Fußball von seiner besten Seite kennengelernt, und im Bezug auf die Gruppe Fußballfans darf man das bei unserer Reiseintensität ja durchaus als repräsentative Aussage werten.

Jason erhielt auch über Briefe Einblicke in eine spannende, ihm noch verborgene Welt der Beziehungen von Fans zu ihren Vereinen. Die Erfahrungen im Stadion waren dann noch als Ergänzung pures Gold wert. Die verschiedenartigsten Ausdrücke von Emotionen haben ihm Mut gemacht und die Verunsicherung genommen, es gäbe vielleicht auch genormte Ausdrucksformen für Hoffnung, Freude, Empörung, Frust und Trauer. Wir haben so viele schöne Momente anderer Menschen gesehen. Über alle Vereinsgrenzen und Ticketkategorien hinweg einte sie alle der Glauben an ihr Team oder die Gewissheit, bei ihrem Verein sein zu wollen. Man darf da den Fußball als solchen nicht überbewerten, aber in diesem Punkt zeigt sich jede Religion von ihrer stärksten Seite, dem gemeinsamen Glauben. Es kann erstaunlich beruhigend auf einen selbst einwirken, glückliche und glaubende Menschen zu sehen. Der eine glaubt eben, der Schiedsrichter war schuld, und der Nächste macht die Taktik des Trainers als Ursache für den Sieg aus, ein anderer glaubt, dass die Mannschaft heute einfach mal alles rausgehauen hat oder dass sie in der nächsten Woche einfach mal Gras fressen muss. Der Übernächste glaubt, der taktisch exzellent dargebotene, diametral abkippende Neuner war der Schlüssel zum Sieg, während wiederum ein anderer meint, dass genau sein persönlicher Support den Ausschlag gab, dass das Team sich aufrappelte.

Fußball bietet live im Stadion ohne die 26. Zeitlupe und die 14. Perspektive unfassbar viel Interpretationsspielraum und Diskussionsgrundlage. Jason konnte Fußball als Einstieg nutzen, um mit wildfremden Menschen zu sprechen, sie kennenzulernen und mehr über sie zu erfahren. Fußball dient auf vielen Ebenen als Gesprächstreiber, und man kann angesichts der heutigen Weltlage gar nicht oft genug betonen, wie wichtig es ist, dass wir grundsätzlich mehr miteinander sprechen.

Mit Beginn unserer Touren hat unser und insbesondere mein TV-Fußballkonsum rapide nachgelassen. Die Spiele, die Jason und ich gemeinsam im TV sahen, können wir an einer Hand abzählen. Vielleicht ist es gar nicht der Fußball, der uns interessiert, vielleicht ist es das Drumherum, der Event an sich. Wir fiebern so gut wie nie mit, wir feuern niemanden an, wir analysieren keine taktischen Systeme und beurteilen keine Schiedsrichterleistungen. Vielleicht sind wir Event-Fans.

Wir pflegen eine ungewöhnliche Form des Fußballkonsums. Wir verfolgen Fußball quasi nur an den Wochenenden, wenn wir unterwegs sind. Die Einordnung von Schiedsrichterentscheidungen überlässt Jason dem Schiedsrichter-Podcast Collinas Erben, und den Spieltag kann man, auch ohne Szenen gesehen zu haben, über die Podcasts Rasenfunk oder Drei90 wunderbar und auf ganz unterschiedliche Art und Weise Revue passieren lassen. Über eine App werden die Tabellen studiert und Ausgangslagen erörtert, aber die Sportschau, Fußball live im TV, das Sportstudio, die Champions League oder auch die Nationalmannschaft im TV interessieren uns oftmals nicht stark genug.

Jason liebt den Fußball, nicht als Fan eines Vereins, sondern als Genießer von Stadionfußball mit allem, was rundherum dazugehört, und da hat das Verhalten des Fans auf dem Nachbarsitz die gleiche Wertigkeit wie die Attraktivität des Tors zum 1:0. Seine Informationsmedien zum Spiel sind eben Podcasts, die ihn visuell nicht überfordern und die frei von kommerziellen Zwängen sind, den Fußball aber mit viel Herzblut auf das Essenzielle runterbrechen und aufbereiten.

Am liebsten mögen wir Fußball allerdings live, dann fesselt uns auch mal ein Spielverlauf, oder wir begeistern uns für einen Pass, einen Spieler, eine einzelne Aktion des Spiels, wobei ich mir da seit dem Erlebnis neulich nicht mehr sicher bin. Er weckte mich gegen 5.00 Uhr morgens, weil er gerne im stillgelegten, maroden und recht zugewachsenen Stadion am Herrmann-Löns-Weg in Solingen den Sonnenaufgang erleben wollte.

Sein Anspruch an einen Stadionbesuch wandelt

sich auch schon mal von der einen zur anderen Woche. Was ihm unsere Touren konkret bedeuten und wie wichtig sie tatsächlich für ihn sind, haben wir nie geklärt bekommen. Er betont zwar immer wieder, dass die Fortführung unserer Suche sehr wichtig ist, aber so richtig einzuschätzen vermag ich es nicht, und Jason kann oder möchte es nicht erklären oder begründen. Warum auch? Seiner Ansicht nach hat er mir ja gesagt, wie wichtig es ihm ist, und er sieht daher auch keine Veranlassung, dieses Thema erneut zu diskutieren.

Ich weiß auch bis heute immer noch nicht so richtig, ob Jason sich jemals für einen Verein entscheiden wird oder ob er einfach Fußballfan bleiben mag. Aber so richtig daran glauben, dass ich mit meinem Sohn gemeinsam voller Inbrunst und Leidenschaft die Fortuna aus Düsseldorf zum Sieg im Finale der Champions League supporte, kann ich nicht mehr.

Ich denke, Jason ist es vielleicht auch wichtig, eben mal nicht ultragenau zu definieren und zu entscheiden, sondern genau dort, wo alle sagen, man müsse sich doch festlegen auf seinen Lieblingsverein, zu sagen: Ich nicht. Ich bin Fan von Fußball im Stadion.

Von daher müsste man sich, was ein abruptes Projektende angeht, keine Gedanken machen, denn Stadien gibt es noch reichlich. Wenn die Erste, Zweite und wohl dann auch schnell die Dritte Liga entsprechend kommerziell durchoptimiert werden und ihr Geld in

Asien und Übersee verdienen, kann man vermutlich in den Ligen darunter echte Fußball-Schmankerl zum schmalen Preis erleben. Ich weiß sowieso nicht, ob der spielerische Unterschied zwischen der ersten und vierten Liga die Preisdifferenz für die Tickets rechtfertigt. Das aufgeblasene Drumherum, was in den ersten beiden Ligen Standard ist, brauchen wir sowieso nicht, und Stadien wie der Saarbrücker Ludwigspark, das Karl-Liebknecht-Stadion in Babelsberg und die Alte Försterei in Berlin sind uns irgendwie auch näher als die großen, neuen Stadien.

Unterm Strich ist mir daher, ehrlich gesagt, auch egal, ob er Fan wird, ob wir zum Fußball fahren, leere Stadien bei Sonnenaufgang entern oder auch zu Rockfestivals, zum Basketball oder anderen Sportveranstaltungen gehen. Wenn er mir weiterhin das gibt, was er mir jetzt gibt, bin ich ein sehr glücklicher Mensch.

Und was wäre denn die Alternative? Entscheidet er sich für die Bayern, bin ich bankrott, seelisch und finanziell, und das wäre ja nicht einmal die schlechteste Wahl. Da bekommt man für sein Geld ja noch was geboten, aber was ist, wenn er sich für Cottbus oder Aalen entscheidet, weil er von dem Elefantengetröte nicht genug bekommen kann oder in Cottbus die Würstchenbude so lustig findet und die Dauerkarte deshalb fällig wird. Das möchte niemand. Von daher ist es okay, dass ich nicht weiß, ob er sich jemals entscheidet, vielleicht ist es sogar die beste Option, eine vereinsflexible Tourgestaltung beizubehalten. Er wird mir sicher irgendwann verraten, was ihm die Touren bedeuten.

Ich kann für mich selbst nur mit Gewissheit sagen, dass ich diese intensive Zeit mit meinem Sohn sehr schätze und auch glücklich darüber bin, dass dies im Fußballkontext geschieht. Unter den Top Ten der emotionalsten und schönsten Momente in meinem Leben rangieren – sehe ich einmal von den Erlebnissen mit meiner Frau und mit meinen Kindern ab – Augenblicke im Fußballkontext. Das beginnt bei Momenten als aktiver Spieler in der untersten Liga, immerhin betrug meine höchste Transfersumme 500 DM in Baumarktgutscheinen für den örtlichen Jugendraum. Es setzt sich fort mit vielen Spielen mit vielen unberechtigten Platzverweisen in der Jugend auf unterschiedlichsten Positionen und in unterschiedlichster körperlicher Verfassung. Schließlich erinnere ich mich an sehr viele schöne und außergewöhnliche Momente, die in direktem Zusammenhang mit Fußballkonsum stehen: Als Trainer einer großartigen F-Jugend, als Vater, der seinen Sohn dabei beobachtete, wie er in seinem ersten Spiel keine einzige Ballberührung zustande brachte und eigentlich nur einmal auffiel, als er nach dem 0:4 den eigenen Torwart aufs Übelste beschimpfte und lauthals auf sehr persönlicher Ebene angriff. Als ich den Fernseher nach der ersten Halbzeit und einem 3:0 für Milan im Champion-League-Finale gegen FC Liverpool ausschaltete, um in Ruhe ein Glas Wein mit meiner Frau zu trinken. Oder als ich nicht verstand, was da Bayer Uerdingen gerade beim 7:3 gegen Dynamo Dresden veranstaltete. Oder wie Werder sich gegen Dynamo Berlin mit einem 5:0 für ein 0:3 aus dem Hinspiel revanchierte, Juventus gegen den HSV oder die Bayern im Finale gegen den FC Porto.

Ich liebe Fußball. So kaputt er auch ist.

Hätte ich meinem Vater damals Karten fürs Ballett geschenkt und Jason wäre mitgekommen, ständen wir heute nicht da, wo wir heute stehen. Wir haben Fußball im weitesten Sinne viel zu verdanken. Alle Freunde, die noch geblieben sind nach all den Jahren, entstanden im Kontext des gemeinsamen Fußballspiels. Ich habe nichts gegen Ballett, aber ich muss schon zugeben, dass ich sehr, sehr froh bin, dass wir uns für Fußball entschieden haben.

Wir stehen in einer Sportstätte, haben eine Menge Spaß, und der Ausflug wird mit all seinen Facetten von einer gegenseitigen Bereicherung getragen, die ich nicht mehr missen möchte. Jason ist zweifelsohne in der Lage, sich in komplexe Lagen einzulesen und Problematiken zu erörtern. Ich nehme da wirklich viel mit, was aber vielleicht auch an meiner mittleren Schulbildung liegt und Jasons Vorliebe für Detailtiefe auf Marianengraben-Niveau. Ich habe nie studiert, ich würde gerne sagen, dass sich das so ergeben hat, aber Schule war irgendwie nicht so meins. Ich habe über Jahre mehr Zeit auf dem Fußballplatz verbracht als in der Schule. Das hat sich bemerkbar gemacht. Ich komme damit gut klar, freue mich aber daher umso mehr, wenn der Sohn sich in die Thematiken Klima- und Umweltschutz einliest und für die Familie konkrete Maßnahmen vorschlägt, wie wir unseren Beitrag leisten können. Insgesamt muss man vielleicht sagen, dass es ja nicht verwunderlich ist, warum ich nicht weiß, was der Grund dafür ist, dass Jason diese Touren wichtig sind. Ich weiß es ja bei mir selbst auch nicht genau.

Für mich bedeuten unsere Touren, um im Fußball-kontext zu bleiben, dass es für ihn Training im Umgang mit Alltagssituationen ist. Eine feste Struktur, innerhalb der er weiß, Papsi ist immer dabei, und in der wir uns vor Ort minutiös abstimmen. Das gibt ihm vielleicht die notwendige Sicherheit. Das würde bedeuten, das Thema Fußball wäre vermutlich austauschbar mit regelmäßigen Besuchen von Naturkundemuseen in Europa. Doch er besteht auf dem Fußballthema.

Vielleicht sind unsere Reisen für uns das Ausprobieren von Taktiken im Umgang miteinander. Da gibt es keine übergeordnete Hierarchie wie in der Schule mit dem Lehrer, mit dem Busfahrer im Bus oder mit Mami daheim. Wenn wir unterwegs sind, touren wir auf Augenhöhe. Da trifft er Entscheidungen und muss unmittelbar mit den Konsequenzen rechnen, die ich ihm meist noch prophezeie. Vielleicht probiert er sich an mir aus, und vielleicht nutze ich unsere Touren manchmal auch gezielt, um ihm etwas beizubringen, und bin dann doch wieder öfter der Lernende und nicht der Lehrende.

Manchmal denke ich mir, vielleicht sind unsere Touren aber auch ein dauerhafter Zweikampf des Dribblers gegen den etwas behäbigen Verteidiger. Ich weiß es wirklich nicht, aber es spielt auch keine Rolle. Ich weiß, dass wir weiter touren werden, solange Jason sagt, dass es ihm wichtig ist, und er sich unterwegs so verhält, wie ich ihn kenne, schätze und lieben gelernt habe.

Und wenn dies bedeutet, dass wir früher oder später gemäß Regelwerk in die fünfte lettische Liga müssen, dann wird Jason mir plausibel erklären, warum dies notwendig ist, und dann fahren wir da hin. Wir wochenendrebellieren weiter.

Jasons Glossar

1. String-Theorie

Die String-Theorie ist ein Modell von einem großen, vereinheitlichten Bild des Universums. Mit einer Formel soll sie den gesamten Kosmos erklären. Sie besagt, dass alle Materie aus winzigen Strings besteht. Diese schwingen wie Gitarrensaiten und erzeugen so Masse. Bewiesen ist diese Theorie noch nicht.

2. Grounds/Groundhopper

Als Groundhopper bezeichnet man Menschen, die von Ground zu Ground hoppen, also von Stadion zu Stadion reisen. Richtige Groundhopper haben ihre eigenen Regeln, aber es sind nicht die gleichen, die wir haben.

3. Tim Wiese

1981 geborener Torhüter, der lange bei Werder Bremen und TSG Hoffenheim im Tor stand. Heute ist er Wrestler und tritt als »The Machine« auf. Bei seinem letzten Spiel für die TSG Hoffenheim war ich live dabei.

4. Javier Zanetti

Der argentinische Fußballspieler spielte im Laufe seiner Karriere bei fünf italienischen Vereinen. Bei Inter Mailand war er Kapitän und spielte dort bis zum Ende seiner Laufbahn. Bei seinem Abschlussspiel in Mailand war ich ebenfalls live dabei.

5. DFB-Pokal

Der DFB-Vereinspokal ist ein erstmals 1935 ausgetragener Fußball-Wettkampf, bei dem das K.-o.-System gilt. Der erste Pokal ging 1935 an den 1. FC Nürnberg.

6. Champions League

Die Champions League ist der seit 1992 bestehende größte europäische Fußballwettkampf. Die Sieger der Gruppenphase treten dann in der K.-o.-Phase gegeneinander an. Man kann da als Verein eine Menge Geld machen.

7. Relegationsspiele

Bei Relegationsspielen tritt meistens der Drittletzte der oberen Liga gegen den Tabellendritten der unteren Liga an. Der Gewinner dieses Spiels kann dann in der oberen Liga spielen, der Verlierer in der unteren Liga. Bei zwei Relegationsspielen war ich schon. Lustigerweise beide ohne den HSV, denn es waren die Relegationsspiele um den Aufstieg in die dritte Liga.

8. Autismus

Autismus ist ein Sammelbegriff für eine Reihe von seelischen Beeinträchtigungen. Dabei ist das Spektrum zu groß für eine allgemeingültige Beschreibung. Behinderungen sowie Behilflichkeiten sind oft darin enthalten.

9. Asperger-Syndrom

Das Asperger-Syndrom ist eine Art des Autismus. Auch innerhalb des Asperger-Syndroms sind die Unterschiede enorm groß und vielfältig.

10. Big Crunch

Eine rätselhafte Kraft namens dunkle Energie sorgt dafür, dass sich das Universum ständig weiter ausdehnt. Doch die Gravitation wirkt ihr entgegen. Sie zieht das Universum zusammen. Momentan unterliegt sie der dunklen Energie, doch wenn es von ihr nur eine bestimmte Menge gibt, hat das Universum nur eine proportional zur Menge der dunklen Energie begrenzte Lebenserwartung.

11. Klatschpappe

Faltbare Pappkartons, die bei so ziemlich allen Sportveranstaltungen – auch beim Fußball – als Krachmacher, Anfeuerungsinstrumente und Werbeträger verwendet werden. Damit genügend Lärm erzeugt werden kann, liegen in manchen Stadien Klatschpappen auf den Stühlen. Diese kann man dann auf die Knie oder auf die andere Hand schlagen. Ich finde Klatschpappen toll, Papsi eher nicht.

12. Kurve

Um die Fans davon abzuhalten, sich gegenseitig zu vermöbeln, gibt es verschiedene Kurven, in denen die Fans untergebracht werden. Die Ultra-Kurve liegt immer woanders. In Dortmund beispielsweise ist es die Südtribüne oder Süd, auf Schalke die Nordkurve.

13. Danke-Bitte-Duett

Wenn ein Tor für die Heimmannschaft gefallen ist, hört man oft das nervige Danke-Bitte-Duett. Hier ein Beispiel:

Stadionsprecher: »Wir haben einen neuen Spielstand! Heimmannschaft: ...«

Fans: »Zwei!«

Stadionsprecher: »Gastmannschaft: ...«

Fans: »Null«

Stadionsprecher: »Danke!«

Fans: »Bitte!«

Ganz ehrlich, wer denkt sich denn so einen Mist aus?

14. Andy Brehmes Tränen

1995/96 verlor Kaiserslautern knapp das Abstiegs-
endspiel der Bundesliga gegen Bayer Leverkusen und
stieg in die Zweite Liga ab. Andy Brehme war darüber
so traurig, dass er seine Tränen nicht mehr verstecken
konnte.

15. Quantenmechanik

Die Quantenmechanik ist ein Modell zur Erklärung
der Verhaltensweise der elementaren Bausteine. Für
sie gelten andere Gesetze als für uns. Sie können (müssen) beispielsweise an mehreren Orten zugleich sein,
und es ist unmöglich, je ein Quant zu sehen. Eine weitere Besonderheit ist, dass durch Handlungen in der
Zukunft die Gegenwart verändert wird. Aber keine
Sorge: »Wer über die Quantentheorie nicht entsetzt ist, der
hat sie nicht verstanden.« Nils Bohr

16. Franck Ribéry

Franck Ribéry ist ein 1983 geborener französischer
Fußballspieler. Bis Juni 2019 spielte er bei FC Bayern
München, und er kann gut fummeln.

17. Pierre-Emerick Aubameyang

Pierre-Emerick Aubameyang ist ein gabunischer Fußballspieler, der Masken mit aufs Spielfeld nimmt, die
er beim Torjubel anzieht und damit Geld verdient.

18. Ralph Gunesch

Ralph Gunesch ist ein ehemaliger Fußballspieler vom FC St. Pauli und später auch vom FC Ingolstadt 04. Heute ist er Sportkommentator und ein guter Kumpel von mir.

19. Choreografie

Wenn viele Personen etwas gleichzeitig tun, entsteht daraus ein großes Bild auf der Tribüne. Manchmal hält auch jede Person einen farbigen Zettel hoch, und diese ergeben zusammen ein großes Bild. Bei einer Choreografie habe ich sogar mitgehalten.

20. Mundloch

Als Mundloch bezeichnet man die Eingänge zu einem Block, die aussehen wie kleine Höhlen. Der Name leitet sich von Mundloch, Eingang zu einem Bergstollen, ab, an die der Eingang optisch leicht erinnert.

21. Vierunddreißiger-Saison

Eine Vierunddreißiger-Saison ist das, was passiert, wenn der unwahrscheinliche Fall eintrifft, dass ich mich für einen Lieblingsverein entscheide. Bei einer Vierunddreißiger-Saison müssen alle Spiele eines Vereins in einer Bundesligasaison besucht sein. Wenn der Verein zum Beispiel im DFB-Pokal oder international spielt, sind sogar noch mehr Spiele möglich.

22. *Schwingungen der Südtribüne in Dortmund*

Die Südtribüne schwingt einige Zentimeter hoch und runter, weil 25000 Menschen durch gleichzeitiges Hüpfen mit dem Sechsfachen ihres Körpergewichts auf die Tribüne einwirken.

23. *Pyrotechnik/Bengalos*

Als Pyrotechnik bezeichnet man Feuerwerkskörper, Bengalos (oder bengalisches Feuer, das sind Handfackeln, die grell leuchten und viel Rauch von sich geben) oder Ähnliches. Im Stadion werden diese dann angezündet und fangen an zu brennen. Es sieht zwar schön aus, ist aber trotzdem verboten.

24. *Der Torwart mit der Jogginghose*

Gábor Király, ungarischer Torwart, der in Deutschland unter anderem für Hertha BSC und 1860 München spielte.

25. *Paycard-System*

Das Paycard-System ist ein Bezahlsystem, bei dem der Kunde eine Karte bekommt, auf die ein gewisses Guthaben aufgeladen wird. Die Karte wird dann bei der Bezahlung ausgelesen, und das Geld wird vom Guthaben abgezogen. Auf diesen Karten bleibt oft sehr viel Geld drauf. Wir nehmen unsere meistens mit für meine Erinnerungswand.

26. Vorsänger

Der Vorsänger ist eine Person, die auf einer Erhöhung vor der Fankurve steht und die Fanlieder vorsingt. Dabei ist es ihm egal, wenn er völlig bekloppt aussieht und nichts vom Spiel mitbekommt.

27. Schnippinator

Ein Schnippinator schneidet jemandem die Haare, ist aber nicht zu verwechseln mit einem Friseur, der fast dasselbe tut.

28. Lupus-Krankheit

Die Lupus-Krankheit ist eine Autoimmunkrankheit, die ganz unterschiedliche Auswirkungen haben kann. Die Betroffenen müssen nicht zwangsweise alle die gleichen Beschwerden haben. Anzeichen können zum Beispiel sein: Übelkeit, Gelenk- oder Gliederschmerzen, nicht fit trotz genügend Schlaf oder Lichtempfindlichkeit. Letztendlich führt Lupus zum entzündlichen Rheuma.

29. »Lös mein Problem«

Sehr oft entstehen in meiner Umgebung Situationen, die meinen Regeln widersprechen. Dann muss das Problem gelöst werden. Egal welchen Preis dies hat. Egal von wem.

30. Liebesliste

Die Liebesliste ist eine Tabelle, die die Personen in meinem Umfeld aufzählt, die ich am meisten liebe oder mag. Papsi war lange auf Platz achteinhalb, hinter irgendwelchen Menschen, die ich erst einmal in meinem Leben gesehen habe. Irgendwann ist er auf Platz acht aufgestiegen und befindet sich jetzt mit ganz oben.

31. Dietmar Hopp

Dietmar Hopp ist ein sehr erfolgreicher Unternehmer und Gründer der Dietmar-Hopp Stiftung, die sich für soziale Gerechtigkeit, moderne Medizin und Jugendsport einsetzt. Er hat für die TSG Hoffenheim den Aufstieg bis in die Bundesliga finanziert.

32. SFN Forschungszentrum

Das SFN ist ein Forschungszentrum, wo man in seiner Freizeit in Projekten ab der 9. Klasse frei forschen darf. Für jüngere Interessenten gibt es den Kids-Klub und den Junior-Klub. Viele Forscher haben dort schon Preise mit Neuentdeckungen gewonnen. Ich arbeite dort seit Sommer 2016 an einem eigenen Projekt zum Thema Chaostheorie.

33. Schrödingers Katze

Der Physiker Erwin Schrödinger schlug ein Gedankenexperiment vor, bei dem in einer verschlossenen Kiste ein Atom platziert wird, das irgendwann zerfallen wird. Dabei löst es einen Geigerzähler aus, der dann einen Hammer auf eine Giftschatulle fallen lässt. Das Gift tötet am Ende eine Katze. Wenn das Atom gleichzeitig zerfällt und nicht zerfällt (Superposition), müsste die Katze demzufolge gleichzeitig tot und lebendig sein.

34. Das Pauli-Prinzip

Das Pauli-Prinzip hat nichts mit St. Pauli zu tun. Es ist ein Gesetz der Quantenmechanik, das ausschließt, dass zwei Teilchen in absolut allen Quantenzahlen identisch sind. Vereinfacht sagt man, dass zwei Teilchen nie am selben Ort sein dürfen.

35. Superposition der Quanten

Von Superposition der Quanten spricht man, wenn Objekte so klein sind, dass sie anderen Gesetzen folgen, als wir es tun. Die Gesetze der Quantenmechanik erlauben es den Objekten, an mehreren Orten gleichzeitig zu sein. Papsi dachte immer, das hätte was mit Füßen zu tun.

36. Overload

Ich habe immer ein sehr genaues, allumfassendes und intensives Bild von meiner Umgebung. Doch dies kann auch Nachteile haben. Bei einem Overload prasseln so viele Reize auf mich ein, dass es sehr, sehr unangenehm wird. Daher der Name Overload (= Überlastung).

37. Alte Försterei

Die Alte Försterei ist eines der schönsten Stadien in Deutschland in einem Wald in Berlin.

38. Ahle Wurst

Auch wenn ich es nicht verstehe, aber Ahle Wurst ist in Nordhessen eine echte Spezialität mit einer langen Tradition.

39. Vereinslieder

Jeder Verein (manchmal sogar sehr kleine) hat ein Vereinslied. Dieses hat oft eine lange Tradition. In ihm kommen manchmal die Wahrzeichen der Stadt oder Anekdoten der Vereinsgeschichte vor.

40. Autismus-Therapie

Bei der Autismus-Therapie kann ich einerseits einfach Dinge machen, die mir gefallen, und habe jemanden, der mir zuhört, und gleichzeitig trete ich mit Menschen in Kontakt und übe zwischenmenschliche Angelegenheiten.

41. Krieg im Kopf

Oft habe ich alle möglichen Dinge im Kopf. Da ist wirklich alles dabei. Es ist so viel, dass, wenn man versucht, die Gedanken zu ordnen, man nur scheitern kann. Diese rasenden Gedanken überfordern mich.

Nachspielzeit

Jason sagt nie danke. Aber er ist dankbar.

Ich sage danke, habe mir aber sehr selten bewusst Gedanken gemacht, wem ich danken möchte und müsste.

Wenn wir danken, dann zunächst bei den Begleitern dieses Buches.

Ich möchte Thomas von meinSportradio.de danken. Er war der Erste, der sich als Impulsgeber mit dem Thema gedanklich beschäftigte. Ich möchte Rafael Buschmann, Autor von Footballleaks, danken. Er verpasste mir den letzten Schubser, es wirklich schreiben zu wollen.

Und ich danke Christoph Biermann, der den Kontakt zu Birgit Schmitz herstellte, die damals für die Programmentwicklung im Benevento-Verlag verantwortlich war und auf mich zukam. Sie räumte alle erdenklichen Hürden beiseite, woran ein Manuskript hätte scheitern können, und schaffte die Rahmenbedingungen, sodass ich Zeit hatte, ein Buch zu schreiben. Vielen Dank. Ihr folgend begleitete mich verlagsseitig Christian Seidl, dem ich danken möchte, dass er meinen Sohn nicht zum Bayern-Fan machte. Gisa Wörlein, Friederike Thompson, Michael Danhardt und Dirk Romberg sei gedankt für ihre Unterstützung beim Lektorat und bei der Vermarktung des Buches, und bei Bettina Stimeder bedanke ich mich für die rundum zielgerichtete und einfühlsame Betreuung rund um den Prozess des Schreibens. Jasons Blick und seine Aufregung, als er deine Antwortmail auf sein eingereichtes Glossar las, werde ich so schnell nicht vergessen. Markus Klose danke ich für die Möglichkeit, unser Covershooting ganz rebellisch im Millerntor durchführen zu können, für das gute Gefühl, auch unangenehme Fragen offen stellen zu können, und für die Rücksichtnahme auf unsere vielen Einschränkungen und Wünsche während des gesamten Buchprozesses.

Unserer Covershooting-Fotografin Sabrina Nagel besten Dank für ihr Einfühlungsvermögen und ihren Blick fürs Bild. Wir hatten eine Menge Spaß, und die Bilder sind eine wunderschöne Erinnerung.

Vielen Dank. Ohne euch hätte es das Buch nie gegeben.

Wenn wir danken, dann auch den Begleitern und Ermöglichern unserer Abenteuer.

Es ist unrealistisch, sie alle aufzuzählen, ich möchte

aber einige nennen, denn sie alle beeinflussten unsere wunderbaren Stadionerlebnisse und stehen für die Fußballfans, die zwar in der Mehrheit sind, aber eben nicht oder wenn nur positiv auffallen und daher eher selten in den Medien Erwähnung in ihrer Rolle als Fußballfans finden.

Wir müssen auf Schalke anfangen. Ein Riesendank geht an Hassan von Hassanscorner.tv und an Heinz Geldermann, die mit uns einen fantastischen Tag in der Arena auf Schalke verbrachten und Jason eine ganz persönliche Stadionführung ermöglichten. Dass sie Marco Höger mitgebracht haben, störte dann auch gar nicht. Echte Liebe-Kumpels.

Außerdem natürlich Martin, der mit uns unfreiwillig kurz vor Spielbeginn um die Alte Försterei spazierte, Manuel, der Jason Eigentümlichkeiten rund um das Stuttgarter Neckarstadion verriet, oder Patrick, Nina, Jens, Axel, Sven, Jens, Saskia, Beate, Heide, Jan, Julia, Frank, Maik, Bennet, Henning, Christian und viele mehr, die mit uns Zeit im Stadion teilten und uns mit Stadion- und Vereinswissen fütterten, oder auch Mara und Arne, die uns gleich ganz Mainz beziehungsweise Würzburg zeigten, oder Matthias, seinem Sohn Nico und dessen Opa, der im GSI Darmstadt tätig war und sich mit Jason über Teilchenbeschleunigung austauschte, bevor wir gemeinsam ans Böllenfalltor fuhren.

Danke an Gunnar, Sebastian, Jessica und Laurin, die uns in schwierigen Spielen mit Tickets versorgten, und allen anderen, die uns jeweils vor Ort halfen, uns zurechtzufinden oder/und wohlzufühlen.

Vielen Dank an die vielen Briefschreiber, die Jason von ihren Vereinsfindungserlebnissen berichteten, und an alle Podcast-Zuhörer, Blog-Kommentatoren und Feedbackgeber. Vielen Dank an Alex und Klaas, die Jason mit ihrem Schiedsrichter-Podcast »Collinas Erben« lange Zeit allabendlich ganz behutsam und unterhaltsam in den Schlaf referierten.

Vielen Dank. Ohne euch hätte es Teile unserer Touren so nicht gegeben.

Ich möchte Martin, Beate und Gerhard danken. Das ungenannte Wochenendrebellen-Team. Sie haben die Technik des Podcasts gewuppt, die Blog-Texte mit zig Tausend fehlenden Satzzeichen ausgestattet oder mir ihren Namen im Internet geliehen.

Ohne euch hätten viele nie von unseren Abenteuern erfahren. Danke.

Ganz persönlich danken muss ich Sven, der bewies, dass eine enge Freundschaft auch über Jahre ohne persönliche Treffen halten kann. Außerdem Nicola, Christian, Ralph, Jan und Stefan fürs Zuhören, Ratgeben und Unterstützung bei der Einordnung. Das hat mir ganz persönlich immens geholfen.

Als gesamte Familie möchten wir Frau Wittekind

danken. Die Beratung im Autismus-Therapie Zentrum war für uns sehr wertvoll und half dabei, unseren eingeschlagenen Weg konsequent weiterzuverfolgen.

Ein großes Dankeschön muss auch an unsere Nachbarn gehen, insbesondere an Iris und Michael. Eine Punkband als Nachbar wäre wenigstens zu berechenbaren Zeiten laut. Danke für euer Verständnis.

Der größte Dank geht aber sicherlich an meine Eltern. Ohne eure Unterstützung würde es uns als Familie wohl nicht geben. Ich liebe euch.

Man könnte dies endlos weiterführen, denn wir hatten wirklich Glück, so viele gute Menschen auf unserem Weg kennenlernen zu dürfen.

Franziska Bluhm, Christiane Link, Daniel Fiene und Thomas Knuewer, den Organisatoren der sehr liebevoll organisierten Veranstaltung rund um die Verleihung für »Die goldenen Blogger«, danke ich für die herzliche Rundumbetreuung. Ein Wochenende in Berlin, welches uns sehr lange in Erinnerung bleiben wird.

Lena Rogl und Anna-Lena Müller muss ich danken. Sie haben uns einen wunderbaren Tag bei Microsoft beschert. Jason ist noch heute schwer beeindruckt.

Vera Lisakowski und Britta Stapelbroek vom Grimme-Online-Award-Team möchten wir danken. Ihre Rücksichtnahme und Fürsorglichkeit ermöglichte es Jason, bei der Gala in Köln dabei sein zu können. Vielen Dank.

Dem gesamten Team des 11mm-Filmfestivals möchte ich nicht danken, sondern ich möchte es beglückwünschen. Gratulation für das, was ihr da über viele Jahre erschaffen habt. Ich habe enormen Respekt für die Komprimierung dessen, was die Liebe zum Fußball bei uns allen ausmacht, und dessen, wo wir spätestens den kleinsten gemeinsamen Nenner bei den Gründen der Liebe zu diesem Sport finden. Pflichttermin für Fußballliebhaber und perfekter Ort für meine erste Lesung. Vielen Dank.

Dankeschön an Max Scharnigg und Oliver Kucharski, denn ein Wochenendrebellen-Artikel im *Nido*-Magazin, der über die beiden zustande kam, diente wohl als überzeugender Erstkontakt für die Verlagsverantwortlichen.

Man könnte so weit gehen und all den engagierten Menschen und Helfern danken und all den Menschen, die von ihrem Wahlrecht Gebrauch machen, den verständnisvollen Bord-Bistro-Kellnern, Friseuren, die sich uns zuliebe als Schnippinatoren tarnen, und all den Menschen, die uns an unterschiedlichsten Plätzen begegneten und deren Umgang mit Jason stets von empathischer Hilfsbereitschaft und Verständnis geprägt war.

Es gibt so viele gute Menschen. Ich stehe in eurer Schuld.

Jasons Verlängerung

Es ist viel Zeit vergangen seit der Veröffentlichung des Buches, und die vielen Anmerkungen, mit denen ich auf unseren Lesungen den Inhalt aktualisiere, zeigen auch, dass in der Zwischenzeit einiges passiert ist. Doch dazu später mehr. Verändert hat sich einerseits die Intensität meiner Interessen, aber auch mein Alltag und meine Lebensweise. Während ich 2017 noch einmal die Woche ins Schülerforschungszentrum, kurz SFN, ging, forsche ich heute fast rund um die Uhr mit präzisen Messgeräten, mathematischen Darstellungen und neuen Ideen. Das SFN hat sich zu meiner Hauptbeschäftigung entwickelt, und ich bin davon überzeugt, dass es in seinem Wichtigkeitsgrad und seiner Produktivität meinen Schulbesuch bei Weitem übertrifft. Im Februar 2019 trat ich mit meinem Projekt bei »Schüler experimentieren« an, einer Alterssparte von Jugend forscht, und erhielt auf dem Regionalwettbewerb den ersten Platz in der Kategorie Physik, womit ich mich für den Landeswettbewerb qualifizierte. Die momentane Arbeit zur Erstellung eines Phasenraumes ist sicherlich produktiver als die Beschwerdemails an den Jugend-forscht-Vorstand, das hessische Kultusministerium und das Bundesbildungsministerium, die angefallen wären, hätte ich nicht gewonnen.

Doch ein weiterer Aspekt hat sich geändert, besser gesagt verschärft. Gerade nach langen Arbeitstagen im SFN, die sich an manchen Tagen bis nach 22 Uhr erstrecken, darf dennoch nur mit öffentlichen Verkehrsmitteln nach Hause gefahren werden. Meine Bemühungen für den Klimaschutz haben sich drastisch erhöht. Ich fahre fast nur noch mit öffentlichen Verkehrsmitteln, egal ob es die Routinestrecke zum SFN ist, durch die ich täglich über zwei Stunden verliere, oder der Besuch bei unseren 20 Kilometer entfernt lebenden Verwandten, bei dem wir für Hin- und Rückfahrt über vier Stunden benötigen. Man muss eben Prioritäten setzen. Doch es gibt Fragen, bei denen eine Alternativlosigkeit vorliegt. Wir müssen den Klimawandel aufhalten, andernfalls sterben wir. Damit hat es überhaupt keinen Sinn abzuwägen, ob die vergeudete Arbeitszeit in Relation zum Nutzen für das Klima steht. Würde ich mein Klimaengagement aufgeben, würde ich gleichzeitig die Menschheit aufgeben. Dieses Klimaengagement erstreckt sich natürlich über meine Mobilität hinaus. Fleisch esse ich bereits seit Silvester 2017/18 nicht mehr und Fisch seit meinem 13. Geburtstag im Juni 2018. Plastikbesteck, Strohhalme und Einwegbecher gibt es für mich schon lange nicht mehr. Und so muss man, wenn man Zeitdruck hat, dann doch Kartoffelbrei mit einem Kaffeeumrührstäbchen aus Holz essen. Neben meinen persönlichen Anstrengungen fand ich noch ein weiteres Ventil für meine, ich sage Bemühungen, Mami sagt missionarische Ader – den logischen zweiten Schritt, nachdem ich meine eigene Öko-Bilanz optimiert habe.

Seit 2017 herrscht bei uns zu Hause nämlich eine parlamentarische Demokratie. Die Familienvereinbarung wird durch die monatlich tagende Familiensitzung bestimmt. Gesetze können durch eine absolute Mehrheit beschlossen werden, wozu bei uns drei von vier Stimmen notwendig sind. Eine Ausnahme bildet lediglich das Grundgesetz. Ein Grundgesetz kann nur mit einer einstimmigen Mehrheit verabschiedet, geändert oder entfernt werden. § 1a) des Grundgesetzes ist das Freie Recht auf Selbstbestimmung: »Jedes Mitglied der Familienvereinbarung hat das Recht dazu, ohne Einschränkung Dinge, die nur sie selber betreffen, auch selbst zu entscheiden. Niemand darf beeinflusst oder bevormundet werden.« Dieses Gesetz regelt auch meine SFN-Aufenthalte bis nach 22 Uhr. Neben dem Grundgesetz gibt es auch das Umweltgesetzbuch.

§ 1 des Umweltgesetzbuches beschreibt in seinen bisherigen sieben Artikeln die Ernährungweise unserer Familie. Zweimal in der Woche darf Fleisch verzehrt werden, welches aber zwingend Bio-Qualität aufweisen muss. Essenslieferungen von anderen sind nur unter bestimmten Umständen erlaubt, damit Papsi sich nicht immer von Ömchen mit Fleisch-Leckereien versorgen lassen kann, und der nächste Schritt ist die vollständige Abschaffung des sogenannten Restaurant-Jokers, der, so glaube ich, ziemlich selbsterklärend ist. Vor einigen Monaten ist in der Familiensitzung ein erbitterter Streit um die zukünftige Mobilität unserer Familie entbrannt, indem ich als gewählter Familienvereinbarungsvorsitzender zu einem Verbot eines Großteils der mit dem Auto absolvierten Strecken bis hin zu einer absoluten Autofreiheit aufgerufen habe, auf den die Opposition mit Gegenforderungen reagierte, die für mich wiederum inakzeptabel sind. Ich bin mir sicher, wir werden eine Lösung finden, ohne dass ich das Parlament auflösen und damit meine Macht abgeben muss. Ohne die Familienvereinbarung wäre sicher auch der Betrieb meines Wissenschaftsblogs nicht möglich, in dem ich jeden Mittwoch einen wissenschaftlichen Artikel veröffentliche und für den es hin und wieder dienstagabends etwas später wird. Dennoch ist auch mein Blog, den ich zukünftig in meine von Papsi damals eingerichtete Seite wochenendrebell.de integrieren möchte, ein nicht mehr wegzudenkener Teil meines Alltags.

Wie ich schon im Einleitungskapitel erwähnte, hat Papsi mir vor einigen Jahren versprochen, die Welt ein wenig besser zu machen. Hintergrund war eine Unterhaltung zum Thema Tod. Es war das Jahr 2014, und die Welt schien mir damals als viel zu chaotisch, um eines Tages alleine hier leben zu können. Da meine Schwester verneinte, als ich sie fragte, ob sie mir zum Beispiel in 50 Jahren meine Sachen morgens herauslegt, brauchten wir also einen anderen Plan. Darauf versprach Papsi mir, dass die Welt bis dahin sicher eine bessere sein wird. So verblieben wir dann auch. Rückblickend war das wohl eines von Papsis deutlich gewagteren Versprechen. Darauf wies ich ihn dann drei Jahre später, 2017, hin. Man muss wohl sagen, dass es bis dahin in der Gesellschaft nicht unbedingt zu Papsis Gunsten lief. Angesichts der bevorstehenden Buchveröffentlichung erklärte ich mich einverstanden, Papsi bei der Einlösung seines Versprechens zu helfen. Die Idee war, eine Art Lesereise zu veranstalten und am Ende der Lesung um Spenden zu bitten. Präziser gesagt gingen meine und Papsis Vorstellungen dort etwas auseinander. Papsi wollte drei Lesungen machen und den Erlös spenden, ich wollte so viele Lesungen machen, dass der Erlös 10 000 Euro beträgt. Jedenfalls erklärte ich dieses Ziel bei einer unserer ersten Lesungen in Anwesenheit der Presse und vieler Zeugen, ohne es vorher mit Papsi abgesprochen zu haben. Und so machten wir Lesungen in vielen Städten Deutschlands und in den verrücktesten Locations. Wir haben schon im Stadion, in Kneipen, in Fanprojekten, in Pfarrämtern, Bahnhofshallen, draußen im Biergarten und anlässlich einer Zugeinweihung in einem Zug gelesen, und dabei war jede Lesung komplett anders. Da der Eintritt frei ist und wir auf Aufwandsentschädigungen oder Gagen verzichten, durften wir am Ende der Lesung um Spenden bitten. Diese Spenden gehen an die Neven-Subotic-Stiftung die den nachhaltigen Brunnenbau in Nordäthiopien betreibt. Wieso die Neven-Subotic-Stiftung, wieso Nordäthiopien, wieso 10 000 Euro, was heißt nachhaltig?

Auf Bahnreisen durch Deutschland habe ich immer wieder die verschiedensten Bahn-Schelten mitbekommen. Menschen, die sich über Verspätungen aufregen, die durch suizidgefährdete Menschen verursacht wurden, und Pöbeleien mit übelsten Schimpfwörtern wegen fünf Minuten Verspätung waren Höhepunkte dieses Phänomens. Und dies ist vermutlich nur eines von vielen Beispielen, worüber Menschen, die das Glück hatten, in den Wohlstand geboren zu werden, sich aufregen. Gerade diesen Menschen sollte man zeigen, dass es Regionen auf diesem Planeten gibt, in denen das elementarste Bedürfnis, die Grundvoraussetzung allen irdischen Lebens und das absolute Mindestmaß, welches zum Überleben notwendig ist, nicht vorhanden ist – Wasser. Wasser hat eine riesige gesundheitliche, aber auch kulturelle Bedeutung für die Menschheit. Mit Wasser haben wir schon immer Leben verbunden. Diese besondere Beziehung findet man überall in unserer Gesellschaft wieder. Sei es, dass wir die 0-°C-Marke ganz gezielt auf den Gefrierpunkt des Wassers legten oder dass schon unsere Vorfahren immer in der Nähe von Flüssen und Seen siedelten. Wasser ist eine einfache chemische Bindung und kommt überall im Universum vor – auf dem Mond, auf dem Mars, auf Asteroiden und sogar frei im All herumschwebend. Die Erde selbst ist zu 71 % von Wasser bedeckt. Das hört sich viel an und entspricht einer Wassermenge von 1,4 Milliarden Kubikmeter. Das klingt immer noch viel. Doch würde man das gesamte Wasser auf der Erde zu einer Kugel formen, hätte sie lediglich einen Durchmesser von 1340 Kilometern. Plötzlich wird einem bewusst, dass Wasser doch ein teures Gut ist. Doch es geht noch weiter. Von diesen 1,4 Milliarden Kubikmetern befinden sich 97,5 % des Wassers in den Ozeanen und ist salzhaltig. Somit sind nur 2,5 % dieser 1,4 Milliarden Kubikmeter Süßwasser. Von diesen 2,5 % sind wiederum $^2/_3$ in den

Gletschermassen der Polarregionen und Hochgebirge gebunden. Somit sind nur 0,8 % der 1,4 Milliarden Kubikmeter für den Menschen grundsätzlich nutzbar. Der Großteil ist Grundwasser, doch Teile davon sind verunreinigt oder liegen zu tief, um effektiv nutzbar zu sein. Ansonsten verteilt es sich auf Flüsse, Seen und die Atmosphäre. Wir können also nur einen Bruchteil der Wassermenge, die selbst komplett nur 0,023 % der Erdmasse ausmacht, wirklich nutzen. Doch selbst diese vergleichsweise winzige Menge würde für unsere Zivilisation locker ausreichen. Selbst in den nächsten Jahrtausenden würde die Wassermenge prinzipiell reichen, denn durch den Wasserkreislauf bleibt die Menge nutzbaren Wassers stets konstant. Dadurch könnte man theoretisch sogar eine viel größere Weltbevölkerung versorgen. Man müsste nur besser mit dem Wasser haushalten. Vor zwei Generationen verbrauchte eine Person in Deutschland durchschnittlich 18 Liter pro Tag. Heute verbraucht diese Person im Schnitt 130 Liter pro Tag. Der Konsum in der westlichen Welt verschwendet viel zu viel Wasser, vor allem für die Herstellung tierischer Produkte. Und dennoch würde das Wasser für uns alle reichen. Jedoch gibt es in manchen Regionen der Welt schlicht und einfach keine Möglichkeit, an das Wasser heranzukommen. Grundwasser ist überall dort, wo Menschen leben, im Boden gespeichert. Doch vor allem in afrikanischen

Ländern haben die Menschen einfach keine Brunnen, um an das Wasser zu gelangen, beziehungsweise es gibt viel zu wenige Brunnen, sodass für viele Menschen in der zersiedelten Wüste der nächste Brunnen viele Kilometer weit entfernt ist. Darüber hinaus ist es auch ein kulturelles Problem. Denn im Umgang mit Wasser sind dort wenige Menschen geschult. Hygienischer Umgang mit Wasser ist mindestens genauso wichtig wie der Zugang zu Wasser, denn jeden Tag sterben 1000 Kinder, fast ausschließlich in Entwicklungsländern, an Infektionen durch verunreinigtes Wasser. 663 000 000 Menschen haben gar keinen Zugang zu sauberem Trinkwasser. Noch schlechter steht es um saubere Sanitäranlagen. Auch die Wartung der Brunnen ist ein oft vernachlässigtes Problem. In Äthiopien wird man immer wieder ausgetrocknete und stillgelegte Brunnen sehen, die gebaut, aber nicht regelmäßig gewartet wurden. Genau das ist mit *nachhaltigem* Brunnenbau gemeint. Es dürfen nicht nur Brunnen gebaut werden, sondern die Brunnen müssen auch regelmäßig von den Menschen vor Ort gewartet werden, und die Menschen müssen im hygienischen Umgang mit Wasser intensiv geschult werden. Um all das kümmert sich die Neven-Subotic-Stiftung. Und nicht nur das – ein weiteres Alleinstellungmerkmal ist, dass die Spenden zu 100 % in die Brunnenbauprojekte investiert werden. Die Gehälter, Verwaltungs- und

Reisekosten werden komplett von Neven Subotic getragen. Für den Bau eines Brunnens und die regelmäßige Wartung inklusive Schulung im Umgang mit Wasser sind 10 000 Euro nötig. Würden wir also 10 000 Euro sammeln, so könnten die Kinder eines Dorfes in die Schule gehen, anstatt jeden Tag viele Kilometer mit bis zu 20 Kilogramm schweren Kanistern laufen zu müssen, um für die Familie Wasser zu holen. So wurde aus den drei Lesungen, die geplant waren, dann das Ziel, diese 10 000 Euro zu sammeln und einen Brunnen für ein Dorf in Nordäthiopien mit Hilfe der Neven-Subotic-Stiftung zu finanzieren. So organisierten wir Lesungen in allen größeren Städten Deutschlands. Als wir in Dortmund gelesen haben, war absehbar, dass wir das Spendenziel knacken werden. Doch da dachte ich mir, dass mit einem Brunnen eben noch nicht alle Kinder eines Dorfes in die Schule gehen können, denn es gibt dort keine geschlechtergetrennten Toiletten, womit nur die Jungs die Schule besuchen können. Ich ließ mir von den Mitarbeitern der Subotic-Stiftung erklären, dass für einen Brunnen inklusive Sanitäranlage 25 000 Euro notwendig sind.

Wieder wurde die Lesung gefilmt, und es waren viele Zuschauer da. Kurz nach der Lesung verkündete ich – erneut, ohne es mit Papsi abzusprechen –, wir hätten unser Spendenziel von 10 000 Euro erreicht, würden es aber auf 25 000 Euro erhöhen. Nach einer heftigen Kontroverse über diese Aussage einigten ich und Papsi uns darauf, dass wir noch bis Herbst 2019 auf Lesereise gehen werden und ich mich dann um den Rest alleine kümmern muss. So verblieben wir bisher. Natürlich habe ich für diesen Rest – sollten wir ihn nicht allein durch unsere Lesereise erzielen können – auch schon einen Plan. Ich nutzte die viele Zeit, die wir auf unseren Zugfahrten im Rahmen der Lesereise hatten, nämlich aus, um ein eigenes Buch zu schreiben. Es handelt sich dabei um ein Sachbuch, welches die Entstehung des Universums nach der Urknalltheorie, die Entwicklung des Sonnensystems, der Erde und des irdischen Lebens und der Menschheit, den jetzigen Zustand und die inneren Widersprüche unserer Gesellschaft und auch die Zukunft, die wir erreichen können, wenn wir jetzt richtig handeln, erklärt. Jeder sollte für sich diese Alternativlosigkeit, die ich schon eingangs beschrieb, akzeptieren und endlich anfangen, verantwortungsvoll darauf zu reagieren. Während wir von Hitzesommern heimgesucht werden, in der Eisdicke an den Polen ständig neue Negativ-Rekorde verzeichnet werden und weite Landstriche bereits fast regelmäßig überflutet werden, gibt es immer noch Menschen, die den Klimawandel und damit wissenschaftliche Fakten leugnen. Der mächtigste Mann der Welt, Teile des Deutschen Bundestages und weitere einflussreiche Persönlichkeiten gehören zu diesen Menschen, manche davon bezeichnen sich noch als christlich und der Schöpfung gegenüber verpflichtet. Diesen Widerspruch darf es nicht länger geben. Durch Crowdfunding möchte ich mein Buch verkaufen und auch wieder Lesungen anbieten, um Brunnen in Äthiopien zu finanzieren. Sollten wir das Spendenziel doch schon durch unsere Lesereise erreichen, dann wird es eben wieder, ohne es mit Papsi abzusprechen, erhöht. Das wird es sowieso, denn es sieht nicht so aus, als würde Papsis Prognose von 2014 in naher Zukunft realistisch werden. Es gibt noch viel zu tun.